天下文化
BELIEVE IN READING

見證亞洲世紀

Living the Asian Century

.......An Undiplomatic Memoir.......

★

馬凱碩回憶錄

馬凱碩——著

吳國卿——譯

Kishore Mahbubani

感謝我已故的母親

詹基・馬布巴尼（Janki Mahbubani）夫人

和我已故的父親

莫罕達斯・德塔拉姆・馬布巴尼（Mohandas Detaram Mahbubani）先生，

感謝他們讓新加坡成為我的出生地。

見證亞洲世紀——馬凱碩回憶錄

Living the Asian Century: An Undiplomatic Memoir

各界推薦

《活在亞洲世紀》是馬凱碩引人入勝的新著作，記錄了他在令人驚異和好奇的一生中所經歷的高低起伏。他以出奇開放和率直的態度描述個人的危機與職業生涯，讓許多只從他的書籍和文章窺見其政治與戰略思想的讀者感到驚訝。這是一個關於憑藉樂觀以奮力求存和保持堅毅的故事。馬凱碩在描述各國的雙邊外交和在聯合國與安理會的多邊外交親身經歷的國際權力運作與談判中，巧妙地融入他對現實政治和地緣政治動態的分析。公職人員和外交官可以從這本回憶錄汲取許多精闢的見解，以增進他們面對外交政策挑戰時的應對能力。

——**陳慶珠**（Chan Heng Chee）／新加坡前駐美大使（1996-2012）、外交部無任所大使

經歷「貧窮到富裕」，並生活在歷史上的多事之秋，將賦予任何人的生

活豐富的複雜性。馬凱碩在亞洲世紀的歷程，從童年的貧困到成年的顯赫，反映出他勇敢、無畏無懼的精神。他以一個萬花筒般的視角，呈現了他在美國擔任外交官期間所經歷的世界政治激烈交鋒，以及他對新加坡本地的政治鬥爭及其開國元勛的近距離觀察，尤其是針對無與倫比的李光耀先生。這是一本令人著迷的回憶錄，以毫無保留的誠實把人們從各個全球危機帶入令人動容的個人生活與艱辛。閱讀它既是樂趣，也是教育。

——**梅拉・錢德**（Meira Chand）／新加坡文化獎得主、《不同的天空》（*A Different Sky*）作者

馬凱碩的回憶錄訴說了他從貧困中崛起，進而在外交與學術界達成傑出成就的非凡故事。這本深刻的個人記述也如實描繪了新加坡和東南亞令人難以置信的轉變。這是一則激勵人心的故事，優美的文筆令我愛不釋手。一本必讀佳作。

——**盧英德**（Indra Nooyi）／前百事公司（PepsiCo）董事長兼執行長

馬凱碩非凡的一生和事業軌跡記錄了新加坡做為一個獨立國家的誕生和崛起。透過充滿洞識和趣味的故事，這位傑出的外交官和公共知識份子以一貫的坦率風格激發我們認真思考「亞洲世紀」。

——**安妮—瑪麗・斯勞特**（Anne-Marie Slaughter）／新美國基金會執行長

我認識馬凱碩五十九年了，原本沒有期待會在他的回憶錄裡發現什麼新鮮事。但令我驚訝的是，他在這本毫無保留的自述中透露了生活中的許多細節，讓我忍不住在一天內讀完它。他迷人的寫作技巧和卓越的說故事能力，讓本書成為我讀過的有關新加坡公務員的最佳回憶錄之一。

——**張贊成**（Eddie Teo）／新加坡總統顧問理事會主席

我在一九八一年第一次見到馬凱碩時，他是新加坡外交部的一名中級官員，留著大鬍子，相當好鬥，但無可否認地才華洋溢。此後，我有幸見證了他的崛起，成為傑出的新加坡駐聯合國大使、李光耀公共政策學院創院院長，以及一位具有睿智和洞見並在地緣政治思想界占有一席之地的公共知識份子。他的回憶錄引人入勝地帶我們窺見他從卑微的出身到國際外交最高殿堂的精采旅程。本書穿插了他在世界各地形形色色的軼聞，並充滿馬凱碩溫暖而親切的個人風格，對所有熱中外交職涯和渴望從中學到人生教訓的人來說，這是一本必讀的書。

——**夏希・塔魯爾**（Shashi Tharoor）／作家、國會議員、聯合國前副祕書長、前印度政府部長

亞洲的崛起是我們這個時代偉大的經濟和政治故事。沒有人的人生故事比馬凱碩——他擁有印度血統，成長於多種族的新加坡，並對西方思想和成就有著深刻的了解——更能說明這個轉變是如何以及為何發生。因此，本書不只是當今不斷變化的全球秩序中一位亞洲最有影響力的思想家引人入勝的自傳，也是他做為學生、外交官和評論家的畢生經歷與成就為西方人所提供的重要教訓。同樣重要的是，本書將有助於西方人了解一個熟悉情況且友善

的局外人，如何評價他們的歷史成就和近來的愚蠢行為。

——馬丁・沃夫（Martin Wolf）／《金融時報》首席經濟評論家

有一次我對一位資深歐洲記者說，馬凱碩一定是國際上最知名的新加坡人，她欣然同意。除了李光耀，沒有其他新加坡人能透過著作和演講獲得更廣泛的回響。馬凱碩在簡短但饒富興味的回憶錄中，讓讀者深入了解驅使他前進的力量。出身於不同文化的他，對新亞洲重新崛起於全球舞臺感到高興。馬凱碩看待中國的非華人觀點，迥異於西方普遍認為中國對世界和平與穩定帶來某種威脅的看法。馬凱碩對全球政治中原始權力所扮演角色的分析發人深省。他近距離觀察並親身體驗。馬凱碩坦率承認他在新加坡和國外都有批評者，並試圖了解他們對他的批評。人們可以感覺到他寫這些段落時一定感到痛苦。身為李光耀公共政策學院創院院長，馬凱碩對該學院的卓越成就功不可沒，但即使在該學院，他也遭受許多批評。令人慶幸的是，在遭遇每一次人生挑戰後，他都能變得更強大、更充滿活力。他的經歷和成就非一般人可以比擬。馬凱碩的回憶錄不只與外交事務有關，它也記敘他在新加坡的故事中未被不幸或艱難擊倒的個人生活。他的故事將激勵年輕一代的新加坡人。

——楊榮文（George Yeo）／前新加坡外交部長

第一章——出身貧寒

一切都要怪該死的英國人。

在毫不費力地殖民印度次大陸一個多世紀後，英國人在一九四七年徹底搞砸了他們的撤離。把英屬印度分割成穆斯林占多數的巴基斯坦和印度教徒占多數的印度，引發了一場大規模移民，其中，穆斯林逃離印度前往巴基斯坦，印度教徒和錫克教徒則逃離巴基斯坦前往印度。這些出逃伴隨著騷亂和可怕的社群暴力，導致一波大殺戮浪潮。多達一千八百萬人流離失所，兩、三百萬人在試圖逃離巴基斯坦和印度時死亡。[1]我母親原本很可能是其中之一。

做為一名年輕的印度教女性，她於一九二五年八月八日出生於信德省

（Sind）的海德拉巴（Hyderabad），並在那裡長大。印巴分治時，她二十二歲。像許多印度教徒一樣，她不得不逃離巴基斯坦。她設法和我的姊姊，當時才一歲的杜莉（Duri），一起登上前往印度的火車，和其他數十名也帶著小孩的印度教婦女一起坐在火車的最後一節車廂。她們受到一名持單發步槍的錫克教警衛的保護。到了半夜，她們的車廂與火車脫鉤，這些印度教婦女全被困在沙漠中。如果這時候有穆斯林暴徒出現，她們將被強姦和殺害。那是個恐怖的夜晚。幸好第二天早上另一列火車開過來，把那節受困的車廂推過邊境進入印度。這是一次驚險的經歷。

一九四八年八月，她僥倖逃出巴基斯坦後，首先來到孟買（Mumbai；當時被稱為Bombay），因為她在那裡有很多親戚。在這些親戚的協助安排

1 請參閱：Alvin Powell, "Getting to the Why of British India's Bloody Partition," April 6, 2018, https://news.harvard.edu/gazette/story/2018/04/harvard-scholars-take-fresh-look-at-the-partition-of-british-india-which-killed-millions/.

下，她搭船於一九四八年一月前往新加坡，因為當時我父親已經搬回那裡，這就是為什麼我在新加坡被孕育，並於一九四八年十月在那裡出生。因此，我出生在新加坡純屬偶然。我原本很可能出生於大英帝國的任何角落，而一九四八年的大英帝國可是一個日不落帝國。

隨著一九四〇年代印度次大陸獨立的日子接近，以及印度教徒和穆斯林間的衝突愈演愈烈（部分原因是英國分而治之的政策），我在信德的印度教族人紛紛逃離海德拉巴和喀拉蚩（Karachi），因為他們在那裡是身處險境的少數族群。屠殺在分治前就已經開始。父親告訴我，一群穆斯林暴徒把他兄弟的屍體帶到他在海德拉巴的家中，質問他是不是這個家族的人。家人明智地否認屍體屬於他們家族。如果他們承認了，他們可能都會被屠殺。因為這種暴力的橫行（必須強調的是，印度教徒和穆斯林都進行了這些殺戮），我的親戚四散逃往全球各地尋求安居樂業也就不足為奇了。

關於信德人有個鮮為人知的事實是，他們非常有創業精神。一九四七年，印度教信德人開始逃離巴基斯坦前往世界各個角落（通常是信德商人從十九世紀末以來就已開始經商的城市），而且令人驚訝的是，他們在許多不同的環境中都能獲得成功。我可以很有自信地這麼說，是因為我的堂兄弟姊妹遍布世界各地：南美的蓋亞那（Guyana）和蘇利南（Suriname）、非洲的奈及利亞和迦納（Ghana）、東亞的香港和東京，當然還有孟買和加爾各答（Calcutta）。我很可能出生在這些地方當中的任何一個。

我人生的第一個好運就是出生在新加坡。我非常確信，如果我沒有出生在新加坡，就不會擁有現在所享有的生活。導致我出生在新加坡的偶然事件，是我父親莫罕達斯．馬布巴尼（Mohandas Mahbubani）在一九二〇年出生後不久就成為孤兒。他是由姊姊們撫養長大，但因為她們有自己的小孩，無法分出時間來照顧他。這就是為什麼他的姊姊們在他十三歲時就把他從信德送到「狂野西部」的新加坡，讓他在那裡一家信德人的紡織店當苦工。選擇新加坡的原因之一是他的一位姊姊已經和丈夫搬到那裡。理論上，照顧他是她的責任，但實際上她幾乎沒有時間照顧他。她忙於照顧自己的孩子，還要適應這個新國家。結果，我父親在新加坡長大，成為一個無人管教的青少年。

無可避免地，他養成許多壞習慣。他開始抽菸、喝酒、賭博。在這麼差的先天條件下，他最終過著坎坷的生活。我在成年後才發現這些事實。因此，儘管我和我的姊妹們在年輕時討厭（有時甚至憎恨）我們的父親，但了解生活對他很不容易後，我開始原諒他。

我父親的生活肯定也受到東南亞的動盪影響。幸運的是，他在第二次世界大戰爆發前離開了新加坡，因此沒有在一九四二年到一九四五年期間生活在日本嚴酷的占領下。他返回信德與親戚住在一起。當他在信德時，他的親戚按照傳統印度教信德族的習俗安排了他與我母親的婚姻。我母親並不知道她要嫁給一個已經養成許多自我毀滅習慣的年輕人。她來自備受尊敬的基爾帕拉尼（Kirpalani）家族，這個家族很高興她能嫁到據說頗具聲望的馬布巴尼家族。幾乎所有亞洲社會都有階級制度，信德人也不例外，而在姓氏階級中，馬布巴尼家族的地位很高。

我母親在一個穩定而保守的家庭長大，她完全沒料到與我父親結婚後等著她的是動盪的生活。她所有的兄弟姊妹——三個兄弟和三個姊妹——最後都擁有穩定而成功的婚姻，唯獨她例外。自從她來到新加坡後，就遠離了兄弟姊妹的支持。儘管她在我們成長的過程中經歷了許多動盪，但她沒有可以求助的近親（除了那位雜務繁忙的嫂嫂）。

我們很窮。我第一次意識到這一點是我六歲那年，剛入學的我被安排加入一個特殊供食計畫。[2]所有小學一年級男生在進入塞拉雅學校（Seraya School）時都要量體重，我們當中有大約十幾個人被認為體重過輕。課間休息時，我們會在校長室集合，那裡有一大桶牛奶和一只杓子在等著我們。我們每個人都用那只杓子喝牛奶，快樂地分享彼此的細菌，無意中增強了我們的免疫系統。體重過輕顯然不是一種好狀態，但我很幸運在六歲時還活著。我母親告訴我，我六個月大時，醫生告訴她，我可能撐不過一次嚴重的腹瀉。

2 在新加坡，兒童一般在七歲時上小學。經過六年的小學教育後，他們從十三歲到十六歲就讀中學。接著學生可以選擇進入理工學院，通常為期三年（十七至十九歲），或進入為期兩年的專科學校（十七至十八歲）。然後他們可以選擇繼續接受大學教育。

我本來可能成為新加坡嬰兒死亡率的統計數字之一。

我們的貧窮是父親無法長期維持工作的直接結果。有些時候，他的壞習慣會成為阻礙，尤其是酗酒和賭博。他還會變得暴力，酗酒後會打架。我的記憶已經抹去一些我與父親之間更為戲劇性的遭遇。不過我認識最久的童年朋友孫合記（Jeffery Sng）——我從六歲起就認識他，因為他住在離我家不到一百公尺的地方——對其中一個場景記憶猶新：

在炎熱的下午，我們會聚在客廳挑高天花板掛著的吊扇下享受涼風。晚上，一家人會移到我們峇峇娘惹（Peranakan；或稱土生華人）[3]風格平房的陽臺，坐在藤椅上享受戶外吹來的自然微風。有一天，我們在陽臺上，突然街上傳來喊叫聲，伴隨著有人奔跑的腳步聲。我低頭一看，看到鄰居和我們村子[4]裡的男孩跑過我們大門，朝奧南路（Onan Road）盡頭的克琳路（Crane Road）路口跑去。我不禁被下面街道上突如其來的騷動所感染，從椅子上站起來並衝出家門，跟著鄰居男孩朝克琳路跑去。當我接近路口時，人群逐漸在街角的咖啡店[5]前聚集。人群擠滿了街道，阻塞了交通。我擠過人群，以馬來語和閩南語問圍觀的人：「發生了什麼事？」「打架囉！」有人回答。我擠到人群前排時，一輛警車抵達。一名警察已經走過商店裡的桌子來到大櫃檯，赤裸上身的海南華人老闆就站在那裡。人們的注意力都集中在大櫃檯旁邊的一個特定位置。他們看著一名印度男子站在桌旁，手裡拿著一瓶打破的虎牌啤酒和一只破啤酒杯。他的白襯衫被啤酒弄溼並被撕破了，上面濺滿了血。他有一張未刮鬍子的方臉，塗著髮油的閃亮黑髮整齊地中分。我突然想

---

3 土生華人文化融合了馬來－印尼群島的本土文化與其他祖先文化——在新加坡最普遍的是華人文化。請參閱："About the Peranakans," Peranakan Museum, accessed February 13, 2024，www.nhb.gov.sg/peranakanmuseum/learn/about-the-peranakans.

4 馬來語 Kampong，意即村子。

5 kopitiam，咖啡店。

到他是馬凱碩的父親。赤裸上身的咖啡店老闆就站在附近，但猶豫著要不要靠近。人們關注的焦點是馬凱碩的父親，他看起來喝醉了，並且激烈地反抗著。與此同時，從巡邏車下來的警察也有了動作，他開始提出問題並揮舞他的筆記本。我聽不到說什麼。然後我突然發現馬凱碩出現在警察身邊，大聲喊著：「爸爸，爸爸！」他走到父親身邊，輕輕握住他的手臂，臉上帶著痛苦的表情。「請回家吧，爸爸。」馬凱碩說。那個襯衫破爛的印度男子在兒子的帶領下走出咖啡店。人群分散開來好讓父子倆通過。我看著他們一起穿過馬路。馬凱碩家幾乎就在咖啡店對面。馬凱碩陪父親走上通往家門的臺階。門打開了，他們消失在裡面。

這個事件受創最深的人一定是我，而不是孫合記。照道理說，我應該是記得它的人，而孫合記應該會忘記。實際上卻相反。這件事讓我意識到我們的記憶有多麼容易出錯。我們會記得一些創傷事件。我們也會忘記很多。儘管如此，我仍記得一些類似的事件。有一天晚上，鄰居敲門說我父親喝醉酒走回家時掉進附近的排水溝。我清楚記得自己把他拉出來帶回家。我還有更可怕的記憶，我打開家門告訴一些華人流氓（和討債者）我父親不在家，他則迅速滾進床底下以免被發現。我不記得那些流氓的樣子，但我永遠不會忘記父親眼裡流露出極度的恐懼。他知道如果華人黑幫抓住他，他會被打得很慘。從某些方面來說，在我童年的許多階段，我們都活在危險邊緣。

雖然我父親經常捲入暴力事件，他在家裡並不暴力。如果他生氣，他會把氣發洩在物品上，而不是人。我和我的三個姊妹都清楚記得一件事。對印度教家庭來說，一年中最重要的節慶（類似聖誕節）是排燈節（Diwali），也就是燈的節慶。那是我們打掃房子、買新衣服、吃很多甜食的時候。有一年，排燈節即將到來，而父親賺了許多錢，所以他買了很多新衣服給我們。他甚至買了一臺肯定有五英尺寬的大電視機。那可真是奢侈。

遺憾的是，他在排燈節前夕又捲入一場慣常的酒後爭吵，並且生著氣回家。他在酒後的怒氣下，把買給我們的新衣服全拿走，還把電視機搬出門外。

他把所有新買的奢侈品堆放在我們家門前，然後把它們點燃，製造出一個熊熊的大火堆，吸引了整個鄰里的注意。所有人爭相目睹。直到今日，我們當時的鄰居仍會談到這個令人難忘的事件：排燈節，慶祝的方式卻大不相同。

像這種事件對我們這些孩子來說是創傷。對我母親來說，一定是更大的創傷。她對這些家庭問題的反應是祈禱——大量的祈禱。她會先以牛奶清洗像是黑天（Krishna）和象頭神（Ganesh）等印度教神祇的小銀像，然後再用水清洗。當她在我們家的小祭壇前祈禱時，我會坐在她身邊。我童年時花了許多時間與母親一起祈禱，原本我應該成為一個虔誠的印度教徒。然而剛好相反。每當她祈禱時，我會感到煩躁和無聊，但因為我感覺到祈禱對她有幫助，便壓抑了我的無聊。

我父親會欠債主要是因為賭博，尤其是賽馬。愚蠢的是，他會拿到錢（以他雇主的名義收來的）就用來賭博，希望能立即發大財。但他從未發財過。他會花掉公司的錢，並因此失去工作，一個又一個的信德人雇主因為損失金錢而解雇他。儘管如此，那些信德人雇主還是很友善和慷慨：他們只是解雇他。我父親犯下的一個大錯是接受一家受人推崇的英國公司——中國工程（China Engineers）——的工作。剛開始一切很順利。他從這家生意更興隆的英國公司賺到了更多錢。然後無可避免的事情發生了。他賭輸了他代表公司收取的一些錢。

英國人就是英國人，一切照規矩來，他們向警察報告了這起盜竊事件，警察逮捕了我父親。一九六二年十月三十日，也就是我十四歲生日過後六天，他因為刑事背信罪被判處九個月監禁。他被關進英國人一八四七年建造的歐南監獄（Outram Prison）。做為家中僅剩的男性，我被指派去探訪他。這不是一件愉快的事，我不得不搭乘好幾趟公車到距離我們家很遠的監獄。我們往往要在監獄外等候，直到探訪時間到來。在我們探訪期間，我不能觸摸或擁抱他。我們只能隔著一扇窗子交談。他的話不多，我的話也很少。但探訪儀式似乎對他有幫助。我只記得每次探訪他都讓我感到悲傷。

在我父親入獄時，我母親勇敢地前往政府法律援助局（Legal Aid Bureau；成立於幾年前，也就是一九五八年），提出與我父親合法分居的法律程序。這肯定需要很大的勇氣，因為她沒有法律經驗，也沒有了解這類知識的朋友來幫助她。幸運的是，她在蘇利南和蓋亞那的兄弟生意興隆，在我父親身無分文時寄錢來維持我們的生活。不過，我母親在新加坡沒有親戚可以協助她處理實際的日常事務或提供心理支持。因此，在我十四歲那年，我成了家裡第二年長的成人。我陪著媽媽到法律援助局領取分居文件。

我父親在服刑期間被告知分居的消息。從法律上講，刑期結束後，他就沒有權利再待在我們家了。儘管如此，我們仍然害怕他出獄那天的到來，擔心他會強行闖入我們家。我們位於奧南路的房子面向街道那邊曾經有很漂亮的彩色玻璃窗。不過有一年父親像往常一樣暴怒，對著它們丟石頭，把它們打碎了。我們別無選擇，只好換上醜陋的金屬柵欄。在他出獄那天，那些金屬柵欄讓我們感到安慰。

果然，父親剛出獄就出現在我們奧南路的家門前。他並沒有強行闖入，而是在對面的咖啡店裡坐了幾個小時，然後就離開了。我們都鬆了一口氣。

結果證明合法分居是一件幸事。我父親租了一個房間，賺的錢只夠維持自己的生計。我們靠國家的福利金以及我母親在蓋亞那和蘇利南的兄弟寄來的支票才得以生活。陪母親去郵局兌現寄來的銀行匯票，是一件愉快的事。錢會以英鎊匯出，而當時每一英鎊能兌換八．五新加坡元。今日，每一英鎊只能兌換一．七新加坡元。

我的家人和我們的馬來人鄰居所經歷過的貧困生活，為我們帶來許多挑戰，並在許多方面阻礙了我們。它阻礙我的姊妹們接受充分的教育。我姊姊杜莉十二歲時輟學。我妹妹維穆（Vimu）十六歲離開學校；我最小的妹妹仙德拉（Chandra）十八歲時離開學校。我們所有的馬來人鄰居也都在中學畢業前輟學。

我相信孫合記和我是我們奧南路那一區唯二最終考上大學的孩子。為什麼我們是這些貧窮街坊裡的例外？當時上大學並不被認為是許多職業必要、甚至有用的準備。我們兩人都有堅強的母親來保護和養育我們。我們都在童年時偶然發現如切公共圖書館（Joo Chiat Public Library），並從小就成為飢渴的讀者。事實上，我們童年的同伴都嘲笑孫合記和我花在閱讀上的時間。

雖然這些個人因素很重要，但也有更大的國家力量在運作。如果孫合記和我在英國殖民地之一長大，而這個殖民地變成一個落後或失敗的第三世界國家，我們就無法完成學業。我們小時候不知道的是，新加坡奇蹟般地開始擁有相對良好的治理（以第三世界的標準來看），這創造了一個有利的生態系，使我們得以成長和發展。從六歲時每天在校長室喝牛奶，到訓練有素的老師總是在乾淨有序的教室裡迎接我們、身為貧困學生的我不斷收到助學金，以及一九六七年高中畢業後獲得的總統獎學金，我的生活因為置身良性發展的國家環境而獲得改善。

回顧我的童年，我可以清楚看到一個治理良好的國家如何影響了我的生活。由於我父母的幾個兄弟姊妹在一九四七年印度和巴基斯坦分治後分散到世界各地，我能夠把我的成長和發展與蓋亞那和蘇利南、奈及利亞和迦納、孟買和加爾各答、香港和日本的許多堂表兄弟姊妹做比較。因為我父親入不敷出，與我所有堂表兄弟姊妹比起來，我的家庭顯然是最貧窮的，而他們的父母有些還成為百萬富翁。但除了我在蘇利南的兩個表兄弟（他們的父親賈馬特·基爾帕拉尼〔Jhamat Kirpalani〕不管以什麼標準衡量，在商業上都十分出色），我的表兄弟中沒有一個人完成大學教育。

因此，新加坡在我得以擺脫貧困並享受豐富的外交和學習生活上，扮演了關鍵的角色。

第二章——
仍然貧窮

是母親維繫了我們這個家。如果她沒有堅強的意志，我們的家庭很可能會分崩離析或功能嚴重失調。但我們堅持下來了。日復一日，即使情況陷於絕境，我們仍繼續努力。我清楚記得，當法院的官方受託人來我們家前門張貼法律告示時，我們所感受到的絕望（這是在我父母合法分居前所發生的事）。他們聲稱我們家中所有物品都不能搬走，因為它們將被拍賣以償還我父親積欠的債務。在沒有桌椅、床、燈、爐灶和冰箱的家中生活，將會非常困難。我不知道她是怎麼做到的，但母親設法找到了錢來還清債務。

在我的一生中，經歷過許多起起落落，每當我想要放棄時，就會想起母親。她從未退縮，即便是在承受比我經歷過的任何壓力更大的壓力時。我十三歲在丹絨加東技術學校（TKTS）讀中學一年級時，發生一件令我不安的事，更進一步堅定了我的決心。我的一位同學是南印度男孩，可能是泰米爾（Tamil）人。他的家庭狀況似乎和我很像：一個功能失調的父親，一個失業的母親，幾個姊妹。顯然他承受著巨大的壓力。遺憾的是，他沒有向我們任何人透露他的壓力。大多數時候他看起來很平靜，雖然偶爾也會露出煩惱、焦慮的表情。當然，我們不知道他已接近崩潰邊緣。有一天，我們來到學校上課時，得知他已經上吊自殺，這讓我們深感震驚。我記得很清楚，當老師告訴我們他發生什麼事時，我內心升起一股深刻的恐懼。

放棄對我來說從來都不是一個選項。我不能讓我的母親失望，她在我們童年時為保護我們已經歷過一切苦難。即使是在她年輕時熟悉的環境中，有她成長時期的印度教信德人社群的支持下，要應付我們經歷的所有痛苦就已經夠困難了，況且她還遠走一個叫做新加坡的陌生地方，來到一個她沒有近親或親密朋友可以求助的社會。

不過，雖然她在某種意義上是孤獨的，但在另一層意義上她並不孤單。令人訝異的是，儘管我們位於奧南路的小家周圍有顯著的宗教和種族多樣性，我們卻開始發展出某種社群感。現在回想起來，我覺得自己是在一個小村落長大的，有很多支持我們的鄰居，他們之中有許多人和我們一樣窮，甚至更窮。不過，我們是唯一的印度教家庭。

我母親因為分治期間的創傷經驗而對穆斯林深感憎惡。她會重複一些來自印度的印度教徒常說的侮辱性言語，例如：「你期待什麼？他是穆斯林，不是嗎？」她對穆斯林的偏見根深蒂固。然而在個人層面上，她總能把偏見擺在一旁，所以我們和兩個很好的穆斯林家庭——哈尼法家（Haniffas）和馬里肯家（Maricans）——走得很近，他們就住在我們奧南路房子的兩側。與我父親不同，哈尼法先生和馬里肯先生都沒有入獄。他們的工作不穩定，薪酬也很微薄。和我們一家人一樣，他們的生活也很拮据。父親離開後，我們的房子對一家五口來說顯得很狹小。不過，我記得他們在與我們一樣狹小的單臥室聯排房屋裡擠了更多人。在我人生的頭二十五年裡，我們三個家庭一起生活和長大，就像一個大家庭那樣，經常進出彼此的廚房並交換食物。我們都很窮。我們都生活困頓。但我們相互扶持。

我一直不很清楚母親是如何調和她對穆斯林的根本仇恨，以及她對穆斯林鄰居深切而真誠的愛。也許她區分了巴基斯坦穆斯林和馬來穆斯林。對小時候的我們來說，重要的是擁有我們愛和信任的鄰居，而他們也愛和信任我們。我們和他們相處感到非常自在，就像他們和我們相處也有同感。我們會很高興地慶祝穆斯林節日，就像他們慶祝排燈節一樣。

馬來語因此成為我的第二語言（僅次於英語），特別是因為我在學校也學了它。在我的靈魂深處，東南亞身分認同與印度身分認同一樣強烈。我在印尼和印度的文化中同樣感到融入。我母親堅持的印度教徒與穆斯林的差別，從未阻止我把馬來人鄰居和其他馬來穆斯林視為同族人。事實上，我帶著一些苦澀的回憶裡，當我們家需要幫助時，信德人社群中很少人挺身而出，儘管他們許多人都很富有。相反地，《海峽時報》（*Strait Times*）報導我父親入獄的消息後，信德人社群中的一名成員開著一輛賓士車來到我們家——不是來表示同情，而是要求償還我父親向他借的一百美元。

如今回想起這件事還歷歷在目，我也學到一個重要的人生教訓：當一個貧困家庭遭遇困難時，它更有可能得到其他貧困家庭的聲援和支持，就像我們從同樣貧困的馬來人鄰居那裡所獲得的支持。

我們和鄰居的一個共同點是，印度教徒和馬來人穆斯林都是新加坡的少數民族。當時人口占最多數的是華人（現在仍然是）。住在哈尼法家和馬里肯家兩側的鄰居都是華人。我們和他們相處得很融洽，尤其是奧南路一百七十五號的土生華人家庭，他們在家也說馬來語。不過，如果說我們近鄰的印度人、馬來人和華人的關係和諧反映出自然的國家融合，那可能會引起誤解。我經歷過一九六四年和一九六九年的兩次馬華暴動。在一九六四年暴動的頭幾天後，我們住在奧南路一百七十七號的一個馬來人鄰居以為情況已經有改善，所以嘗試前往市中心工作。我看見他不到十分鐘就渾身是傷地返回家中，因為他在離我們家不到一百公尺的地方被一群華人暴徒毆打。距離我鄰居被毆打的地方不遠處，一名馬來人巴士售票員在一場暴亂中喪生，一名華人暴徒將一根長而鋒利的桿子插入他的身體。

這種暴力行為在貧窮的第三世界城市並不罕見，例如一九五〇年代和一九六〇年代的新加坡。另一件鮮明的童年記憶是，有一天下午我坐在家門口的臺階上，看到一名血跡斑斑的黑幫華人正逃離另一名血跡斑斑的黑幫華人，後者用一只破碎的啤酒瓶攻擊他。不過，儘管這些暴力事件離我童年的家鄉如此近，新加坡基本上是一個和平的地方，印度人、馬來人和華人社區大部分時間都和諧相處。除了警察，沒有人擁有槍。

雖然我被一位狂熱的印度民族主義者——我母親——撫養長大，而且常在馬來人穆斯林家中生活和用餐，但我一生中最好的朋友大都是新加坡華人，包括我認識最久的朋友孫合記。我們從六歲就認識了。我們都成為熱愛閱讀的人。小時候，我們經常一起長途散步，通常是去東海岸海灘。孫合記後來成為一名年輕的國家體操運動員，他常保護我瘦弱的身體免受鄰居的霸凌。

孫合記對我們小時候奧南路的記憶是：

有許多低矮的甘榜屋（kampong houses）、複合屋和平房，正逐漸被中高層的公寓、聯排別墅和大型的土生華人高腳平房（stilt bungalows）所取代。當我們還是小孩時，賣福建麵[1]的流動小販、椰子採摘工人、流動的印度送牛奶工和華人傳統咖啡店仍然到處可見，儘管有些正逐漸從鄰區消失。我們的街道上仍然留有一些甘榜氛圍；部分房屋仍然是亞答（attap）屋頂，而且有木槿花樹籬和大型石榴盆栽。

由於我的童年和青年時代都生活在貧困中，所以有很長一段時間我認為這段人生過得很匱乏。但現在回想起來，顯然當我經歷物質匱乏的生活時，也正吸取著豐富的文化。我在不知不覺中吸納了三種最有活力和韌性的亞洲文明的氣息：印度、伊斯蘭教和中國。這是一個非比尋常的恩典。透過這種直接的薰陶，我得以本能地、無意識地吸收這些豐富文化更深層的思維模式和文化動力，而這些文化加起來占了世界的一半人口。

在新加坡長大，能與其他文化和宗教傳統一起生活並享受他們的節日，讓人感覺再自然不過。由於我們的近鄰是穆斯林，年輕男孩必須在青春期前接受割禮。有一次，我的鄰居在十歲左右接受割禮，我被邀請拉開帷帳來觀看這個過程血淋淋的生理結果——可能是由教士而非醫生執行。我渾身打顫。儘管如此，我們還是很享受這些節慶。在齋戒月期間，我們的穆斯林鄰居會以豐盛的餐點結束齋戒。有些食物會流入我們家。離我們家不到三十公尺的地方有一家大型的中式麵包店，店門前有一片很大的空院子，是過中國新年燃放大量鞭炮的理想地點，那些鞭炮震耳欲聾，充滿節慶氣氛。我們的中式麵包店能燃放出整條街區最響亮的鞭炮，讓我們感到很自豪。

這種生活在村落的感覺提供了心理緩衝，幫助我們應對貧窮。我們不是

---

1 Hokkien mee，一種炒麵。

唯一陷入困境的家庭。我們家對街有一個泰米爾人家庭，他們住在一棟擁有大院落的平房裡，這個大院落的面積可能有四萬平方英尺。理論上他們應該很有錢，但實際上他們的問題似乎比我們還多。他們的幾個孩子患有精神疾病，其中一個名叫帕基里（Pakiri）的孩子會在鄰里中漫無目的地遊蕩，有時候會被關進精神病院。

我們還得忍受其他不便。奧南路的房屋沒有抽水馬桶。我們以大金屬罐取代。每天早上，收糞人（大家這麼稱呼他們）會在鄰里間四處走動。他們來到我們家時，會打開牆上的一扇小門，拉出一個裝滿一家五口二十四小時糞尿的金屬罐，換上一個乾淨的空金屬罐。早上使用這個便盆還好，但到了下午，新加坡的熱帶高溫和潮溼會讓整間廁所臭氣熏天。

奧南路一七九號的第一具抽水馬桶送達時，是我童年的轉折時刻之一。這不只是身體上的體驗，雖然那很愉快。這也與尊嚴感的提升有關。我一直為住在沒有抽水馬桶的房子裡感到羞恥。心理上的紓解與物質或身體上的改善同樣重要。

我一直認為我童年時期使用金屬罐廁所的經歷很糟糕，直到我十幾歲的時候到雅加達拜訪了親戚。他們家至少有十幾口人，而他們金屬罐每週換一次。到了第三或第四天，惡臭就會變得令人作嘔。我幾乎無法呼吸。那次雅加達的經驗讓我更加意識到自己的生活改善了多少，以及新加坡發展了多少。

身為一個孩子，我不知不覺創造了自己的應對機制，以保護自己免受周圍發生的許多戲劇性事件的影響。和其他家庭一樣，我們也有許多家庭內部的爭執。在這方面，孫合記比我更清楚地記得我如何保護自己免受一些更令人不安的事情影響：

我走近馬凱碩的家。一小段階梯從街道通往門口。我剛走上去，門口就傳來了嘈雜的說話聲。我聽到維穆以印度方言大聲抗議著什麼。我不明白她在哭什麼。另一個聲音是馬凱碩母親的聲音。他們正在為某件事爭吵。馬凱碩的妹妹維穆是家裡那個「星期三的孩子」[2]，她覺得母親和姊姊杜莉總是刁難她。她的願望總是被拒絕或推翻。她不是那種能默默忍受的人。她總是馬上抗議自己受到的待遇。當我從門口往裡看時，維穆正淚眼汪汪地踩著重重的步伐快速通過走廊。當她帶著氣惱的聲音消失在屋子裡時，我看到馬凱碩坐在門口右側的客廳沙發上，彎身看著學校的數學練習本。他似乎沒有受到屋子裡充滿惡意能量的高分貝噪音影響，甚至完全無視它。他沒有注意到我走進來，直到他從數學練習本中抬起頭，發現我就站在他的作業桌旁。我問：「發生了什麼事？」他有點心不在焉地回答：「我不知道啊！」

孫合記描述：「沒有什麼能動搖他對書本或作業的無比專注力，不管是電視的喧鬧、響亮的印度寶萊塢音樂、姊妹們的叫喊聲，還是他母親不斷試圖說教的人生道理。」我母親生氣地向孫合記抱怨：「我兒子從來不聽我說話。不管我說什麼，他都會一隻耳朵進去，另一隻耳朵出來。我生氣時，他只會說：『什麼，你說什麼？』」關於這一點，她只說對了一部分：事實上，她的話從未傳進任何一隻耳朵，當然也不會從另一隻耳朵出來。我只是屏蔽了一切。

不過，孫合記說對了有關書本的事：童年時期，我完全沉浸在書本中。它們提供一個安全的地方，一個滿足我的好奇心並激發我想像的地方。當我問哈尼法家人和馬里肯家人對我小時候的記憶時，他們提到的第一件事就是我總是沉浸在書中，其他孩子則忙著玩彈珠、抓蜘蛛、放風箏，或在附近的硬泥地上踢足球。我沒有參加這些活動。我會和孫合記一起散步很久。

孫合記和我都喜歡讀書。我們對書籍的熱愛源自於一個幸運的偶然：我們發現了距離我們住家一公里左右的如切公共圖書館。我們找到去那裡的路

---

2 Wednesday child，出自英國童謠〈Monday's Child〉：「Wednesday's child is full of woe.」（星期三的孩子充滿悲傷。）此處形容維穆是「星期三的孩子」應是比喻她在家裡承受著許多壓力。

並非必然會發生的事，因為我的父母學歷僅止於小學。他們沒有受過良好教育，我們家裡也沒有書。事實上，據我記憶所及，除了我和孫合記，我們附近沒有人經常光顧這座圖書館。不知什麼原因，我們碰巧發現了它。就這樣，我們開始了對閱讀的熱愛，而這徹底改變了我的人生。

「圖書館」這個詞對我來說只有正面的意義。今日，大多數人提到圖書館，特別是在新加坡，都會與某種設備齊全的現代建築聯想在一起。相較之下，一九四九年開放的如切公共圖書館，只是一幢非常樸素的建築。它位於如切社區中心，對它最好的描述是一間有著磚牆的大棚屋。屋子裡沒有空調，只有天花板上的吊扇可以在新加坡炎熱潮溼的天氣為我們降溫。儘管天氣炎熱，孫合記和我總是一連幾個小時在那裡翻閱書籍。不舒服的物理環境並不重要，這些書把我們帶往神奇的地方。

當然，我小時候另一個主要工作是上學。我的小學，塞拉雅學校，是一所典型的社區學校。那是一棟三層樓建築，裡面擠滿教室，沒有室內玩耍的地方，我們只能與鄰近的學校共用一個足球場。由於那是一所英語小學，而我從六歲開始就讀，所以英語成了我的第一語言。我母親主要使用信德語和我交談，儘管她的基本英語說得相當好，而我的回話會夾雜著英語和信德語。同樣地，我鄰居家的「阿姨」（在新加坡，所有成年人都被年幼者稱為「叔叔」或「阿姨」）用馬來語跟我說話，而我的回話夾雜英語和馬來語。

為什麼我如此堅持使用英語？唯一誠實的答案是，當我還是個孩子時，我的思想已完全被殖民化。我出生時，新加坡還是英國殖民地。我的出生證明把我的公民身分描述為「英國臣民」。小時候，我毫無疑義地相信亞洲人天生就不如「白人」，尤其是英國人。六、七歲時發生的事，我記得很少，但我永遠不會忘記和一位名叫摩根的印度同學的對話。我清楚記得我問他長大後想住在哪裡。他回答說：「倫敦。」我問：「為什麼是倫敦？」他回答：「因為在倫敦，街道都是用黃金鋪成的。」

一九五九年，我十一歲時，李光耀當選為新「自治」新加坡的第一任總理，同時英國保留了對新加坡國防和外交事務的控制權。我應該要歡迎這個邁向政治去殖民化的第一步，然而我清楚記得我感到很憂慮，因為新加坡親英的主要英文報紙《海峽時報》讓我以為一位危險的「左派」領導人已經上臺。這個魯莽的人試圖趕走新加坡安全而睿智的英國統治者！我一生接受的英語教育一直強化這種親英心態，因為學校課程顯然是由新加坡的英國殖民統治者設計的。我們亞洲人直接或間接地接受了西方社會比亞洲社會優秀的信念，並與我們自己的文化愈來愈疏遠。

我母親確實試圖把我塑造成信德人。還是小孩的時候，我和姊妹們就被要求學習信德語。蒙巴登路上有一棟叫做信德會館（Sindhu House）的建築，離我們奧南路的家不遠，那是信德商會的所在地。這座建築早期的用途說明了信德人內在衝突的靈魂。會館二樓有一座寺廟，今日還在，我母親經常在那裡祈禱。我經常和她一起去。一樓有一些房間被留作賭桌。信德人喜歡賭博。這是他們重商主義傾向的一部分。對神的崇拜總是和金錢密不可分。

雖然富有的信德人（而且有很多）並未在我們家有需要時幫助我們，但毫無疑問地，在我看來，信德人社區在多元種族的新加坡所建立的生態系，對我母親提供了大量的情感支持。在來新加坡之前，她一生都在信德省單一文化的印度教信德環境中度過（因為她與穆斯林信德人幾乎沒有互動）。儘管她能說、讀、寫英文（雖然不流利），但她更喜歡說信德語和用信德文書寫。

她喜歡參加位於蒙巴登路的信德會館提供的印度教真理梵唱（Satsangs）。她唱得很好，風琴也彈得很好，常被邀請擔任主唱。我和我的姊妹有時會陪著她。我小時候，信德人企業占據了高街的大部分店鋪，特別是禧街和橋北路之間那一段。我父親在高街的信德人商店工作時，我經常地從奧南路乘坐長途巴士去看他。

拜訪一些較富裕的信德人家庭也是很愉快的事，那裡的女主人是我母親的朋友。我們曾拜訪過住在首都大廈公寓的古拉布萊家（Gulabrai）和住在如切路（Joo Chiat Road）的南瓦尼家（Nanwani），兩個地方都距離我們家很近。我們稱呼為南瓦尼先生的香卡叔叔（Uncle Shankar）開車送我們到鄰州柔佛的哥打丁宜瀑布（Kota Tinggi waterfalls）玩，那是我們童年最快樂的事之一。瀑布並不大，但在小孩眼裡卻十分巨大。有一次我們去哥打丁宜的旅行，讓我留下了最生動的童年記憶之一：當我走得太靠近錫礦場大門時，被一群狗追著跑。

我還保留著在高街度過排燈節之夜的快樂回憶。每家信德人商店都會開門營業，擺出各式各樣的信德鹹食和甜點。我們會從一家商店逛到另一家商店，品嘗各種美食。與信德人家庭這些愉快的相遇對我來說很重要，但信德人社群對我母親來說更加重要。那是她韌性的根源，讓她感受到自己是誰。原因之一是，這讓她在「異國」新加坡不致感到完全孤獨和孤立。參加信德人活動，不管是祈禱還是與其他信德婦女一起玩紙牌遊戲（我們長大後她經常這麼做），給了她一種社群感。

最終我對自己的信德人身分產生矛盾和衝突的感覺。一方面我對當地信德人在我們家最黑暗的時刻缺乏支持感到有些怨恨。另一方面，他們提供一個培養我母親自我信念的生態系。此外，如果沒有她散居世界各地的信德人親戚（其中有許多人支持我們），我們可能會遭受更多苦難。

我也很高興，雖然我們很窮，我母親還是找到錢送我去語言班學習信德語和印地語（Hindi）。現在我對信德語的嫻熟程度已經明顯下降，但我仍保留流利的印地語能力，因為我持續聆聽小時候常聽的印地語歌曲。事實上，我一邊用英語寫這本書，一邊聽著名寶萊塢代唱歌手演唱的印地語歌曲，如穆罕默德．拉菲（Mohammed Rafi）、基肖爾．庫馬爾（Kishore Kumar）、拉塔．曼蓋施卡（Lata Mangeshkar）和阿莎．蓬斯爾（Asha Bhosle）。如果不播放他們的歌曲，我甚至無法開始寫作。印地語歌曲可以刺激我的大腦神經元，英語歌曲不行。

這就是我對信德人社群文化的認同感消失感到有些悲傷的原因。我母親的信德語很流利，但她的八個孫子大都很少說它，甚至完全不會說。在較大的信德社區情況也是如此。許多我的同輩信德人的孩子也不會說信德語。他們生活在多文化、多種族的新加坡，和我一樣，使用英語作為第一語言感覺更自在。

小時候，我並不重視母親讓我與信德人的語言和文化保持連繫所做的努力，反而是我經常去如切公共圖書館閱讀愈來愈多的羅素（Bertrand Russell）和威爾斯（H. G. Wells）等西方作家的書籍時，感覺自己正逐漸從亞洲迷信和偶像崇拜的黑暗洞穴中走出來，進入一個由邏輯推理和科學方法主導的嶄新而現代的光明世界。我開始了解西方文明的重大真理。它是第一個藉由擺脫中世紀的偏見，成功地現代化並強化自身的文明。當我更深入探究西方文明的著作時，感覺自己正被從黑暗的洞穴中拉出來，進入一個光明閃亮的房間，那裡的一切都運作得更好。結果，我成為一個篤信科學方法和無情的推理力量的狂熱信徒。羅素主張，「西歐人，以及無論種族淵源如何、祖先曾生活在西歐的美洲新世界的人，在大約三個世紀的時間內實際上壟斷了科學，並因此取得稱霸全世界的地位，這是他們或其他任何人在更早時期都未曾擁有的。」[3]我發自內心地感受到那種力量和潛力。

當我從圖書館回到家，嘗試向母親解釋為什麼西方更為先進時，她無動於衷。例如當我告訴她現代飛機是一項了不起的發明時，她回答說，印度教史詩裡有許多關於印度教神祇能飛很遠的故事。西方所取得的任何成就，在古印度時代都已取得過。同樣地，儘管我們開始購買冰箱和電視機等現代電器，明顯改善了我們的生活，但她對電力近乎神奇的力量並沒有很讚嘆。她聲稱古印度也擁有這一切。我很難像母親一樣相信印度輝煌的**過去**，因為對我來說，這似乎並沒有阻止印度被征服或我們持續的貧窮。西方作家為西方和世界所描繪的輝煌**未來**更加誘人。年紀大了以後，我發現在某些方面，母親對印度的信心並沒有錯。她一定會對莫迪（Narendra Modi）總理為印度注入的精神活力感到振奮。

這種貪婪的閱讀幫助我在小學取得優良的成績。通常我會在班上名列前茅，每個學期結束時都會帶一些獎項回家。優良的成績也讓我獲得學業助學金，這對我們家的經濟有所助益。一九六〇年我參加小學離校考試（Primary School Leaving Examination, PSLE），那是新加坡所有十二歲兒童的全國考試。在收到考試成績前，我們被要求列出我們選擇的中學。如果我們通過考試，將根據離校考試的成績被分配到這些學校。第一屆小學離校考試於一九六

3 Bertrand Russell, "Nature and Origin of Scientific Method," 1948, https://users.drew.edu/~jlenz/br-on-scientific-method.html.

〇年舉行，那一年十一月二日至四日參加考試的三〇、六一五人中，只有一三、七三六人（占四五%）通過。[4]（相較之下，二〇二二年有九八．四%的考生通過這項考試。）

我的野心不小，選擇新加坡最好的學校萊佛士書院（Raffles Institution）作為我的首選學校。儘管我的學業成績很好，仍然沒有被錄取，而是被分發到我的第二志願——丹絨加東技術學校。那裡離我家很近，我可以走路上學。為了去學校，我走一條捷徑，沿著英國軍人與他們的妻子居住的公寓大樓後面的排水溝走。公寓的廚房在後面，面向排水溝。每天早上經過這些廚房時，我常看到妻子們正在為丈夫準備早餐。有時候，那些英國婦女感覺新加坡的炎熱和潮溼令人難以忍受，尤其廚房更是如此，有些人會在廚房裡脫光衣服，沒料到會有一個行色匆匆的十幾歲男生沿著外面的排水溝經過。對一個十幾歲的男孩來說，看到她們美麗的胸脯自然是令人興奮的。我對這種快樂感到有點內疚，但我為自己辯解，說這是一種反殖民的叛逆行為。丹絨加東技術學校的錫克教歷史老師最早提醒我一個事實，英國對印度殖民統治的敘述是虛假的，隱藏了許多痛苦的真相。他並沒有強烈反對英國，但他是第一個在我心中播下懷疑種子的人，讓我開始質疑當時英國主導的媒體不斷向我們灌輸的「仁慈」的英國殖民統治。

我選擇丹絨加東技術學校做為第二志願，是因為我認為「技術」教育將為我提供木工、金屬加工和工程繪圖等技能，讓我能夠具備就業能力。我在中學一年級和二年級時都是優秀的學生，因此被分配到三年B班，也就是該年級第二好的班級。我們班的專業是金屬加工。在一九六三年大約十月或十一月的期末考中，我們被要求用兩片扁平金屬製作一個鉸鏈。我在這兩片金屬上花了不少工夫，使用分配給我們的材料來進行切割和打磨。我必須製作一片帶有三個叉齒的金屬，另一片則帶有兩個叉齒，讓它們能相互嵌合。然而我卻精心製作了兩塊各有三個叉齒的金屬。顯然它們無法嵌合成一個鉸

4 "Only 13,736 Pass S'pore Primary Leaving Test," *Straits Times*, December 22, 1960, https://eresources.nlb.gov.sg/newspapers/digitised/article/straitstimes19601222-1.2.88.

鏈。我的金工考試徹底失敗了。

這次失敗（如同接下來的許多次失敗）是我生命中發生的幸事之一。理論上我是從三年B班被降級到四年G班，所有學習成績最差的學生都被送到這一班。在四年G班，我們沒有任何技術課程，而是只學習人文學科，例如英國文學、歷史和地理。在這個班級裡，我的天賦傾向展露無遺。我表現得很好。在丹絨加東技術學校史上，第一次出現學校考試成績最高的學生不是來自四年A班或四年B班，而是來自四年G班——一個大多數學生在重要的O級（O-level）考試中表現不佳的班級。

在O級歷史期末考中發生的一件事，為我上了一堂寶貴的人生課程。新加坡學生有個傳統，就是藉由研究往年的考卷來「發現」或預測這次考試可能出現的試題。這類預測在大多數年份會應驗。所以我在為歷史考試做準備時，為六個可能的試題準備答案，以防萬一，因為我們必須在限定的時間內回答四個問題。令我極度震驚的是，我準備的六個問題沒有一題出現在實際考試中。我沒有為面前的任何問題做好準備，這讓我驚慌失措。我絕望得幾乎想放棄考試，但在恐慌平息後，我告訴自己，我的歷史考試肯定會不及格。既然無論如何都會不及格，我覺得不妨放輕鬆，嘗試利用課堂上的模糊記憶和想像力來回答四個問題，反正不會有什麼損失。那天我的想像力一定發揮得很好。我不但沒有不及格，反而得到A。這次出乎意料的成功，教會我永遠不要放棄希望。

身為丹絨加東技術學校的頂尖學生，我再次申請進入頂尖學校萊佛士書院攻讀大學預科。結果我再次被拒絕。這一次的拒絕再次證明是一件幸事。最後我在聖安德烈學校（Saint Andrew's School）大學預科班度過兩年。我對這所學校一無所知，也不知道為什麼我會把它當成第二志願。我申請時根本不知道它在哪裡。

我很快就發現它離我家很遠。我不能步行到那裡，只能坐兩班公車上學。這意味著我要一大早起床，在上午七點半上課之前就到達學校。我曾在塞拉雅小學和丹絨加東技術學校的兩棟政府興建的單調教室學習過，所以走進那棟我將要在裡頭學習兩年的著名「粉紅」建築時，我被迷住了。它的牆壁上覆蓋著粉紅康乃馨色的魚鱗圖案。這是我人生第一次了解到，在美麗的建築中學習和工作，可以提升一個人的幸福感。我從奧南路這個小而單調的家出發，展開我的兩段公車之旅。當我到達聖安德烈學校時，感覺自己進入一個魔幻的環境。許多年後，當我第一次聽到哈利波特（Harry Potter）進入霍格華茲學校（Hogwarts）的描述時，不禁感到聖安德烈的建築也曾同樣令我著迷。我特別喜歡粉紅色建築圍繞的安靜綠色庭院。這裡是一片平靜的綠洲。

我被分到藝術和人文學科班，而不是科學或醫學預科班，我喜歡我學的所有科目：經濟學、歷史、地理、英國文學和通識寫作（general paper，測驗一般知識）。六十年後，我仍清楚記得那些教過我的老師：莫麗・吳（Molly Goh）教授經濟學，羅納德・曾（Ronald Chan）教授歷史，羅伯特・楊（Robert Yeo）教授英國文學，張福海（Cheong Hock Hai）教授地理。張女士年齡較大，她是個嚴格要求紀律的獨裁者。但她嚴厲的方法很管用，她的學生總是表現良好。我閱讀的書比她指定的讀物還多，我實際上讀完了一本很厚的地理教科書，即佛蘭西斯・蒙克浩斯（Francis J. Monkhouse）所寫的

《自然地理學原理》（*Principles of Physical Geography*）。在歷史方面，我讀了一本厚厚的教科書《印度通史》（*An Advanced History of India*），作者是瑪茲穆德（R. C. Majumdar）、雷查杜里（H. C. Raychaudhuri）和卡里金卡爾・達塔（Kalikinkar Datta）。

雖然學科教育很棒（而且我在課堂上感到智力備受挑戰），但這並不是聖安德烈學校獨特之處。由於它是一所隸屬於新加坡聖公會（Anglican Church of Singapore）的「教會」學校（在新加坡還是殖民地時，它是英國統治階級最喜歡的教會），所以有一套薰陶學生的正直和同情心的價值體系。校長弗朗西斯・托馬斯（Francis Thomas）是一位很能鼓舞人心的領導者，這一點很有幫助。他是英國人，但已成為新加坡公民。他是個堅強、權威的人，但也流露出善良。因此，除了從優美的校園感受到身心愉悅的氛圍，我們還有幸獲得弗朗西斯・托馬斯的價值觀和善良性格的精神滋養。回想起來，這是我人生中最幸福的兩年。

然而同樣的一九六五年和一九六六年這兩年，卻是新加坡歷史上最動盪的年份之一。新加坡在一九六三年九月十六日脫離英國獨立並加入馬來西亞聯邦。由於當時的新加坡領導人李光耀、杜進才（Toh Chin Chye）、吳慶瑞（Goh Keng Swee）和拉惹勒南（S. Rajaratnam）深信，如果沒有馬來亞的天然腹地，這個小島可能將無法生存，他們說服不情願的馬來西亞首相東姑·阿布都拉曼（Tunku Abdul Rahman），接納新加坡和遙遠的沙巴（Sabah）、砂勞越（Sarawak）加入聯邦。汶萊（Brunei）也被邀請加入聯邦，但汶萊聰明地拒絕了。

一開始，加入馬來西亞的新加坡滿懷著希望。東姑·阿布都拉曼為新加坡描繪了美好的未來，宣稱它將成為馬來西亞的紐約，而首都吉隆坡將成為馬來西亞的華盛頓。然而，新加坡加入馬來西亞後不久，吉隆坡和新加坡之間關係和諧的美好希望很快就破滅了。吉隆坡和新加坡的菁英就像俗話所說的同床異夢的夫妻。

主導吉隆坡的馬來菁英首要任務是維持馬來人在政治體系內的支配地位，特別是確保已經主導經濟體系的華人少數族群不會掌控政治體系。相較之下，新加坡政治菁英宣稱他們相信「馬來西亞人的馬來西亞」（Malaysian Malaysia）原則，即所有種族都受到平等對待，領導人是根據才能而非種族來選擇。雙方的看法可謂南轅北轍。因此，新加坡加入馬來西亞的整個實驗幾乎從一開始就注定失敗。

一九六三年新加坡加入馬來西亞時，我才十五歲，並沒有意識到當時極其緊張的政治局勢。我們太過專注於自己家裡的苦難。然而，到了一九六四年，這些政治和種族緊張的局勢大大影響了我們的社區。一九六四年，馬來西亞爆發種族暴動，並在同年七月蔓延到新加坡。這些暴動表面上是由馬來西亞政黨巫統（馬來民族統一機構；UMNO）的活動人士煽動的，該黨發起一場運動，指責新加坡人民行動黨（PAP）壓迫新加坡的馬來人。結果在先知穆罕默德誕辰的兩萬多人遊行後，爆發了馬來人與華人之間的暴動，導致二十三人死亡，四百多人受傷。

新加坡政府明智地實施了宵禁，以避免更多人喪命。我記得當時被限制在家不能外出。不過，因為我們需要吃東西，母親要我沿著排水溝（避免在空無人跡的街道上被警察發現）爬行到離家大約兩百公尺的印度麵包店去買麵包。排水溝不是很大，呈V形，很深，最寬處約有一公尺。我記得當我看到一輛警車突然駛近時，只好平躺在排水溝裡。幸運的是，我沒有被抓。當時我沒有感受到人身危險，但在這段期間，我們的馬來鄰居在華人占多數的新加坡卻感覺身陷危境（雖然有我們的華人鄰居保護他們）。

最終，馬來西亞和新加坡在一九六五年八月九日分離，當時我正在聖安德烈學校就讀大學預科一年級。我清楚地記得那一天。新加坡廣播電臺不斷重複播報新加坡脫離馬來西亞的消息時，我正好在家。我記得自己在社區裡漫無目的地走著，看到鄰居沮喪甚至驚恐的臉。我們都有一個共同的感覺：新加坡分離後注定會滅亡，因為一座城市不可能沒有腹地而獨自存活。許多國家獨立時會以遊行和盛大的煙火慶祝，但一九六五年新加坡獨立的那一天，完全沒有慶祝的氣氛。所有族群之間都瀰漫著一股同樣的沮喪情緒。

但學校照常運作，我們的日子也照常過。儘管那段期間充滿動盪，我仍然記得一九六五年和一九六六年是我生命中的快樂歲月。有兩次分離為我的生活帶來平靜：一九六二年我母親與父親分離，一九六五年新加坡與馬來西亞分離。

我在聖安德烈學校的歲月養成一些終身的習慣和深厚的情感連結。儘管在進入聖安德烈學院前我已經是個堅定的愛書人，但在我被任命為學校圖書館員、然後又被任命為學校的學生圖書館長時，我對書籍的情感和象徵依附更進一步得到加強。身為學生圖書館長，我和其他學生圖書館員被指派重新分類圖書館的所有書籍，因為負責圖書館的老師決定實施杜威十進分類法（Dewey Decimal System）。我為一九六六年的《聖安德烈學校校刊》撰寫一篇文章，記錄「圖書館首次採用適合的分類系統——通用的杜威十進分類法」，並且圖書館員「必須在單一階段內為五千本書進行分類」，還要建立一套合適的卡片目錄。為五千本書做分類的過程是一次很好的學習經驗。它讓我體會到人類累積的知識廣度。我一生對書籍的熱愛變得更加強烈。

我也與聖安德烈學校的同學建立了深厚的友誼。我在一九六六年離開聖安德烈學校，但我們班上至少有五個人仍然會定期見面：勞倫斯．曾（Laurence

Chan）、巴斯卡蘭・奈爾（Basskaran Nair）、張贊成（Eddie Teo）、黃明明（Wong Meng Meng，音譯）和我。

十七歲時，我差點移民到美國，當時美國公誼服務委員會（American Friends Service Committee）提供一份獎學金，讓我可以在美國的高中就讀一年。如果我在那個易受影響的年紀去了美國，一定會認為我進了一個更為先進的社會，然後我可能就不會再回新加坡。不幸的是（或幸運的是），我母親正經歷許多家庭苦難，雖然她已經與我酗酒的父親分居，他仍繼續帶來麻煩。所以我得留在家裡保護她。

儘管如此，總有一天我會以某種方式生活在西方的信念，深深扎根在我腦海裡。十幾歲的時候，基於所有的教育和閱讀，我已成為西方文明的熱情信徒。緩慢而穩定地，我的亞洲心智開始質疑我在童年時期吸收的一些基本假設。我小時候會很開心地以牛奶洗浴黑天和象頭神的小偶像。到了青少年時期，我接受了西方思想的一個基本前提：崇拜偶像是原始的，並且是文化有缺陷的象徵。我也開始相信亞洲的多神教——例如印度教——是落後的，而西方的一神教——如基督教——則是先進的。因此，隨著少年的時光過去，我開始深信，讓我進步的唯一途徑就是逐步擺脫原始的亞洲偏見，並以西方文明的先進思想取代。

對像我這樣的年輕亞洲人來說，接觸西方思想在許多方面都是一種解放的經驗。亞洲的文化和思想鼓勵尊重傳統和接受權威。的確，身為年輕的信德人男孩，人們期望我觸摸年長男性親戚的腳以表示服從和尊重。然而在西方思想的影響下，身為青少年的我會反抗這種順服的做法，並且不再觸摸年長男性親戚的腳。我母親感到震驚。不過，我仍保有強烈的印度／印度教信念，認為我最重要的道德義務是照顧我母親。

同樣地，我質疑偶像崇拜。十幾歲時，我在如切公共圖書館發現羅素的名著《為什麼我不是基督徒》（*Why I Am Not a Christian*, 1967）。我不太記得羅素具體說了什麼，但我記得他讓我對所有的宗教信仰產生了懷疑。再次閱讀這本書，我重新發現這些強烈的陳述：「我認為，宗教最主要是建立在恐懼之上……恐懼是殘酷之母，因此殘酷與宗教攜手並進也就不足為奇。那是因為恐懼是這兩者的基礎。」[5]

羅素也詳細記述宗教如何阻礙社會的「進步」。他說：

> 當你環顧世界時，會發現人道情感的每一點進步、刑法的每一點改善、減少戰爭的每一步、善待有色人種的每一步，或者奴隸制度的每一次削減，世界上所有的道德進步，始終都受到世界各地有組織教會的反對。我很明確地說，基督教藉由教會的形式組織起來，從過去到現在，一直是世界道德進步的首要敵人。[6]

亞洲思想的某些面向也會以許多微妙的方式削弱人類的能動性（human agency）。例如：我母親是虔誠的印度教徒，她相信人生中的一切都是「命中注定」。所以努力逃避命運是沒有意義的。接受「命運」也許讓她更容易接受生活中的許多考驗和磨難。但我愈是深入了解西方思想和傳統，就愈相信我可以塑造自己的命運。我可能直接或間接受到偉大的西方思想家影響，例如沙特

（Jean-Paul Sartre），他有句名言說：「人只不過是他所創造的自己。」

如果當時有人對我說，幾十年內，一些亞洲社會最終將成功，並在經濟生產力和發展上超越西方社會，我會嗤之以鼻，認為那是一廂情願的想法。我對亞洲社會成功的可能性沒有信心，而且相信像我這樣的亞洲年輕人唯一的光明前景就是移民並生活在西方社會。

我對那兩年的記憶有一個奇怪的空白，就是我不記得自己是否在心理上和形式上為進入大學做準備。我的同學張贊成當然做了準備。他在那兩年學習法語和拉丁語，以便取得牛津大學的入學資格，並在那裡選修了傳奇的哲學、政治學和經濟學（PPE）課程。當時我甚至不知道在新加坡可以學習拉丁語。勞倫斯前往劍橋大學修讀法律，畢業後在倫敦從事會計工作。黃明明

5 Bertrand Russell, "Why I Am Not a Christian," March 6, 1927, https://users.drew.edu/~jlenz/whynot.html.

6 出處同上。

與巴斯卡蘭・奈爾——和我一樣來自貧困家庭——分別申請到新加坡大學的法律和人文學系。

就我記憶所及，我從未想過要上大學。當然，我母親對什麼是大學一無所知，因為她的親戚或朋友都沒上過大學。我從聖安德烈學校畢業後，她讓我做大多數信德男孩畢業後會做的事：開始當一名紡織品推銷員。由於大多數信德人商店都位於新加坡高街或其周邊，我很快就開始在那一帶工作，賺取微薄的薪水。我學會捲起和展開大綑布料並按碼出售（當時我們並未使用公制尺寸）。我們也出售襯衫和其他服裝，所以我學會小心地攤開襯衫並將它們重新包回塑膠袋裡，以便它們看起來像新的一樣。一九六七年初，我以為這將是我的命運：繼續當紡織品推銷員，起薪為每月一百五十新元（當時約為五十美元），全部交給我母親。這筆錢為我們家帶來了急需的財務安全。

然後我一生中最大的奇蹟之一發生了。新加坡政府提供我一項總統獎學金，每月支付兩百五十新元，讓我得以在當時的新加坡大學（現在是新加坡國立大學，NUS）學習。據我所知，我並沒有申請這項獎學金，也沒有申請新加坡大學，因為我負擔不起在那裡學習的費用。因此當獎學金通知送來時，我不得不急忙申請進入人文與社會科學學院（FASS）。我母親鼓勵我去新加坡大學讀書的原因很簡單：我從總統獎學金中獲得的每月兩百五十新元，比我當布料推銷員所賺的一百五十新元還多。

毫無疑問，如果沒有幸運地獲得總統獎學金，我就不會上大學，我以後的生活也會截然不同。我為何或如何獲得獎學金，對我來說仍然是個謎。我的學業成績很好——主科成績是三個A——但並不突出。我從未成功被新加坡的頂尖學校萊佛士書院錄取，因此我的學科成績竟然讓我獲得更高的榮譽——總統獎學金，這實在令人驚訝。

我為什麼獲得獎學金？我母親會給我唯一的答案：我「命中注定」會得到它。總之，她可能是對的。我這一生非常幸運。我不得不相信神聖的力量在仁慈地照護著我。

第三章——放鞭炮

每年農曆新年，離我們家只有幾戶遠的中式麵包店就會放鞭炮，鞭炮的炸裂聲可以用來比擬我在新加坡大學武吉知馬校區（Bukit Timah Campus）的四年（一九六七年到一九七〇年）中，大腦裡所燃放的知識火花。我在那裡學到一項又一項新知識，尤其是在我愛上哲學研究後。普魯塔克（Plutarch）說得對：教育不是要裝滿水桶，而是要把火點燃。

也許這是因為我入學時並未抱持很高的期望。我從未計畫上大學，所以對大學教育意味什麼毫無頭緒。我入學時，以為這只是在另一所學校一次又一次考試的三年，而當時我已經知道自己很擅長考試。

儘管如此，我還記得當我第一次從公車站走一大段上坡路進入校園時，那種興奮的感覺。這座校園在一九一九年啟用，紀念史丹佛．萊佛士（Stamford Raffles）爵士抵達新加坡一百週年。一八一九年，萊佛士與英國東印度公司談判，獲准在新加坡設立貿易站，從而建立了新加坡殖民地。殖民地管理當局認為應該建一所學院——萊佛士學院（Raffles College）——來紀念他。萊佛士學院後來與其他學校合併，最後成為新加坡大學。

大學設在幾排有著寬拱門的白色殖民時期建築裡。這種外觀莊嚴的設計是在一場全大英帝國的建築競賽中挑選出來的，並在建成後榮獲大英帝國最佳校園設計獎。當我走進校園的兩個庭院時，感覺自己再次置身於優美的學習環境中，就像聖安德烈學校的內院讓我著迷一樣。我有一種奇怪的感覺，彷彿這是我生平第一次不用穿校服去「上學」。這也暗示著我將在大學裡享受一些特別的「自由」時光，而我也確實好好利用了這段時光。

我進入人文與社會科學學院時，被告知三年制課程有明確的學習模式。第一年，學生要選擇三個科目，這將提供機會來評估哪一個或哪些科目最吸引他們。然後他們將在第二年和第三年專注於一、兩個科目。不知道為什麼，我在第一年選修經濟學、社會學和哲學。我唯一確定的是我必須學習經濟學，因為它被認為是最「實用」的學科，而且可能找到一份好工作。在第一年我幾乎可以確定，當我必須在第二年和第三年選擇一個或兩個科目時，經濟學將是其中之一。

遺憾的是，在我第一年結束時，新加坡大學基於對廣泛文科教育原則的認可，決定嘗試進行改革。它宣布學生不再需要修習一個或兩個科目。眾所周知的是，頂尖學生總是選擇一門學科以便專攻那個領域。我可能應該在第二年和第三年專攻經濟學，但我沒有遵循這種傳統做法，反而成為整個學院中唯一把握這種廣泛教育好處的學生，在第二年和第三年選修了三個科目。沒有其他人文與社會科學學院的學生選擇這麼分散的科目！由於我們每年必須選修八堂課程，所以我選擇了四堂經濟學課程、兩堂社會學課程和兩堂哲學課程。

第二年過了幾個月後，我開始意識到自己犯了一個大錯。顯然我沒有辦法深入修習任何科目。更重要的是，我開始意識到我對經濟學課程不感興趣。部分原因是這些課程教得不好，全靠我們自己記住概念和原則，然後在課堂討論和考試中複述出來。幾乎沒有人質疑任何基本概念。相較之下，我對哲學的兩堂課程很著迷，特別是一堂形而上學的課程，它提出了有關人類處境的重大根本問題。

第二年讀到一半，我發現選三門課是錯的，我找到哲學系主任羅蘭・普切蒂（Roland Puccetti），詢問我是否可以重讀第二年並轉回單科課程，專攻哲學。很幸運地，普切蒂教授既睿智又精明。他知道一九六八年四月出任大學副校長的杜進才，為人刻板而且只講教條，沒有人敢挑戰他的權威。正如普切蒂教授後來在一篇有關新加坡大學的論文中所寫：「我不記得校務會議有任何『決定』曾違背副校長明確表達的意見。」[1] 因此，普切蒂教授決定以

1　Roland Puccetti, "Authoritarian Government and Academic Subservience: The University of Singapore," *Minerva* 10, no. 2 (1972): 223–241.

他的魅力來說服杜進才。杜進才博士是一位生理學學者，曾發表多篇有關大腦的論文。[2]而普切蒂教授專精於心智與大腦的連結，而且確實在這個領域是一位全球性的權威。他也是個開朗的人，眼中總是閃爍著光芒。在大學校務會議上，討論我是否可以（有點不合慣例地）重讀第二年的問題時，他充分展現了自己的魅力。奇蹟般地，雖然杜博士一向行事僵化且不願妥協，最後還是同意了這個特例。這對我來說更是雙重奇蹟，因為在次年的一九六九年六月，公共服務委員會（PSC）告訴大學，哲學不再是政府獎學金一年級學生的批准科目。如果我是下一批學生，而且晚一年提出請求，就肯定不會獲准。

聽到可以重讀時我欣喜若狂，但也得付出經濟代價。首先，正如我父親所說，我會推遲進入全職工作的時間，並因而犧牲一年的收入。其次，我的總統獎學金會在我重讀第二年時被暫停，所以我必須賺足夠的錢來支付那一年的大學學費、我的開支，以及補貼家裡的錢。幸運的是，我找到一份在夜校授課的工作，為準備A水準考試的學生補習。白天學習、晚上教書確實很累人，但我無怨無悔。連續兩年修讀八門哲學課程帶給我無比的興奮和快樂，抵消了所有辛勞。這對我來說是一段打基礎的時期，我從未後悔改成專攻哲學。最重要的是，它教會我，你可以在任何領域提出根本性的探索問題。

在一九六〇年代中期和一九七〇年代初期，當時新加坡還是一個發展中國家，我們大多數人來自貧困或中下階層家庭，因此大多數學生選擇經濟或商業管理等「實用」科目。這些科系通常都有數百名學生。相較之下，在我的第一年，哲學系只有七名單科學生。它還有七名全職教授。這種師生比例恐怕比牛津、劍橋等大學還要好。

出於智識和社交的原因，我和我的一位哲學教授柯林・戴維斯（Colin Davies）關係特別密切。智識方面，我在學習中最著迷的哲學家是維根斯坦（Ludwig Wittgenstein）。事實上，正如其他英美世界的哲學系一樣，我們系上也被維根斯坦在他的《哲學研究》（*Philosophical Investigations*）中開創

2 Statement from the Prime Minister's Office" (press release), accessed February 6, 2024, www.nas.gov.sg/archivesonline/data/pdfdoc/lky19680309.pd.

的語言分析哲學學派所占領。我對於二十世紀的兩大哲學學派——包括以他的《邏輯哲學論》（*Tractatus Logico-Philosophicus*）為基礎的前一個學派——都是由維根斯坦所開創，感到由衷的讚嘆。身為一個出生於奧地利的英國猶太人，他在歐洲因為另一位奧地利出生的德國人希特勒帶來的威脅而動盪不安之際，做出了這些貢獻。正如著名哲學家約翰．瑟爾（John Searle）所說：

> 在我看來，維根斯坦是二十世紀最偉大的哲學家……在二十世紀中葉，他是英語世界最具影響力的哲學家。儘管他有追隨者，也有批評者，但他的地位不容忽視。今日，沒有任何哲學家能擁有維根斯坦在二十世紀那樣的地位或影響力，特別是在一九五三年出版《哲學研究》（*Philosophical Investigations*）之後。[3]

柯林．戴維斯對維根斯坦十分著迷。而我也繼承了他的熱情。

在戴維斯的指導下，我一定學得很好。在我第四年的期末考試中，我們的學位取決於在八場三小時考試中的表現。在其中一份試卷中，我們必須選擇回答一個問題。我選擇以三個小時來回答的問題是：「石頭能感覺到疼痛嗎？」根據我的考試成績，我得到哲學系罕見的一等榮譽學位。由於我們的期末考卷也會寄給世界上研究維根斯坦的頂尖學者之一彼得．溫奇（Peter Winch）審閱，我很榮幸我的一等榮譽得到他的認可。

我對維根斯坦的著迷和熱情要歸功於柯林．戴維斯。不知道是怎麼辦到的，他透過講課演繹出維根斯坦的天才。他也會抽菸（是的，當時教室裡允許抽菸），當他一邊講課一邊抽菸時，會全神貫注地思考，以致於忘記自己在說話時把香菸靠近自己的頭部。然後無可避免的事情就會發生：他的頭髮會著火。我記得至少有兩、三次，我們學生得衝上前去撲滅他頭髮上的火，而他似乎毫無所覺。他是典型的心不在焉的教授。

3 John R. Searle, "Insight and Error in Wittgenstein," *Philosophy of the Social Sciences* 46, no. 6 (December 2016): 527–547.

柯林．戴維斯在社交上和智識上同樣慷慨。當時他和也是英國人的妻子芭芭拉（Barbara），常邀請學生到他們位於校園附近山頂的舒適傳統黑白色平房作客。有一天，我在下午四點左右頂著新加坡燠熱潮溼的天氣走上山，經歷了我的第一次文明衝突。

當我走到門口時，芭芭拉看著滿頭大汗的我問：「馬凱碩，你想喝杯水嗎？」顯然我一定想喝。但我母親向來告訴我，有禮貌的信德男孩和女孩絕不會在別人提供食物或飲料時立即說「好」。那是不禮貌的，也顯示出貪婪。我們只能在被問到第三次才可以說「好」。因此，基於我母親的教導，我對芭芭拉說不，並等著她第二次和第三次問我。她一直沒有問。相反地，她對我的回答顯得很困惑，然後就走開了。下一次再到他們家時，我立刻就說好。

我和我的哲學系同學在柯林和芭芭拉夫婦的家裡度過無數個夜晚。我一生都生活在不同的亞洲社群中，所以我接受亞洲社會秩序的基本原則：所有社會都以某種形式存在階級。我們每個人都應該清楚自己的社會地位。當然，老師是較高等的存在。學生的角色是謙卑地向老師學習。我們不應該把老師視為同儕。

但柯林．戴維斯和哲學系其他西方教授或受過西方教育的教授，堅持我們應該平等交談。他們要求我們直呼其名。光這一點就令我震驚。在大多數亞洲社會，直呼長輩的名字是無法想像的，更不用說是受人尊敬的哲學老師了。

所有這些改變都是思想上的解放。最重要的是，我在哲學系學到的東西對我的思考產生了爆炸性的影響。以一個熟悉的德國字彙來表達，學習西方哲學的結果是，我的世界觀（Weltanschauung）發生了徹底的革命。生活在公元前四二八或四二七年到公元前三四八或三四七年的柏拉圖，通常被認為是有史以來最偉大的哲學家。他說真理存在於思想，而非人類感官經驗的「感知」世界。人類無法看到終極的現實，因為它以完美的形式（或「柏拉圖式的理想」）存在。我們眼睛所能看到的只是椅子、桌子、床和櫥櫃等事物不完美的形式。我們所看到和觸摸到的桌子都無法完全涵蓋「桌子」的概念，因為有很多種類的桌子。我們如何理解它們都是「桌子」？因為在思想的領域，存在一種完美的、「真實」的桌子形式。當我們看到一張桌子時，我們會認出在它之中存在著「完美」真實的影子。

維根斯坦推翻了這個基本的柏拉圖觀點，認為不存在完美的形式。反而是我們看到的東西受到我們使用的語言和概念的制約。世界上不存在完美的「桌子」。我們看到的桌子，是我們決定使用「桌子」這個詞彙來描述有平坦表面和有一隻或多隻腳的物體的結果。因此，沒有終極的「真理」可供尋找。我們能嘗試理解的只是我們所選擇的語言和概念。當我們開始濫用語言時，哲學問題就會出現。我們無法回答「生命的意義是什麼？」這個問題，有一個簡單的原因。當我們試圖理解概念時，「意義」這個詞通常被用在特定的情境和上下文中。以「跳舞」或「唱歌」等字詞為例，我們可以描述這些活動來解釋這些字詞的「意義」。但「意義」這個詞本來就不適用於「生命」這樣的詞，至少無法超出這個詞的基本定義，「生命」的定義描述了與死亡相對的狀態。我可以在三個小時內寫八頁來回答「石頭能感覺到疼痛嗎？」這個問題，因為維根斯坦的思想讓我能夠解構這個看似簡單的問題中的詞彙意義。

當我在一九七一年四月加入外交部（MFA）並展開長期的地緣政治研究生涯時，專注於我們所使用語言的過程很快就派上用場。我們對「客觀現實」的了解顯然受到我們所使用語言的制約。身為外交官員，我必須分析的第一場重大戰爭是越南戰爭。「事實」很清楚：北越士兵正與美國士兵作戰。我們可以看到這一點。但他們到底為什麼而戰？美國領導人詹森（Johnson）和尼克森（Nixon）毫不懷疑：他們正為遏阻共產主義的全球擴張而對抗蘇聯和中國。但北越士兵也毫不懷疑：他們正為擊敗美國「帝國主義」軍隊的「民族解放」而戰。那麼誰是對的？這其中的真相是什麼？讓絕對「真相」更難捉摸的是，在美國顏面盡失地從越南撤軍五十年後，美國在東南亞最好的友邦之一將是北越共產黨——美國希望將與越南的關係提升為戰略夥伴關係。

新加坡大學另一門由柯林．戴維斯教授的道德哲學課程，也教會我一些終生的教訓。當時流行的道德哲學家是黑爾（R. M. Hare）。他那本薄薄的書《道德的語言》（*The Language of Morals*）對我產生深遠的影響。出於一個奇妙的地理巧合，黑爾在一九五二年出版的這本書中提出的許多思想，是他被日軍俘虜並囚禁於新加坡樟宜監獄（離我現在的家不遠）時激發出來的。如果傳說屬實，當時他是把自己的想法寫在衛生紙上。

黑爾的思想被證明是既強大且經得起長久的考驗。其中一個原則深深銘刻在我腦海中：可普遍化原則（the principle of universalisability），它基本上是在說，每一個道德命題都可以且必須是普遍性的。我們都同意俄羅斯入侵烏克蘭是錯誤的。如果我們接受這個命題，那麼基於可普遍化原則，我們也應該接受一國侵略另一國是錯誤的。這類道德命題應該符合我們人類發展的道德直覺。

西方哲學的一個優勢是邏輯法則如鋼鐵般堅定，不允許有任何例外。因此，如果俄羅斯入侵烏克蘭是錯的，那麼美國入侵伊拉克也是錯的。普遍化原則就像ABC一樣容易辨別，令人驚訝的是，違反這項原則的頻率如此高。當我在各種外交論壇上進行辯論時，發現可普遍化原則是個奇妙而強大的武器。一九八五年我參加在安哥拉魯安達（Luanda）舉行的一項不結盟運動（NAM）會議，當時距離蘇聯一九七九年十二月底入侵阿富汗已經六年。

古巴人在這次會議上辯稱，蘇聯有充分的地緣政治理由入侵阿富汗，因為古巴人仰賴蘇聯來保護他們免受美國的威脅。但他們對蘇聯的辯護不合邏輯。

我在那次不結盟運動會議上運用可普遍化原則說，如果古巴辯稱蘇聯有權利入侵阿富汗，那就無異於為大國有權入侵鄰近小國的可普遍化原則辯護。如果古巴為這種可普遍化原則辯護，那就無異於表示美國這個大國入侵鄰近的小國古巴是正確的。古巴外交官自然是憤怒不已，但他們無法反駁這個邏輯。他們也可以看到，當我提出這個理由時，不結盟運動的大多數成員都默默點頭表示同意。

我第一次學到可普遍化原理是在一九六八年左右，距今已五十五年，但它始終能讓我立於不敗之地。我毫不懷疑，如果沒有在新加坡大學哲學系四年的爆炸性學習，以及在加拿大諾瓦斯科細亞省（Nova Scotia）哈利法克斯（Halifax）的戴爾豪斯大學（Dalhousie University）又進行一年深造，我不可能在知識領域取得如此多產的成果。我的學習來自於課堂上的講課，以及與同學不斷進行的討論，許多討論經常持續至深夜。此外，也來自於我坐在大學圖書館地板上，置身於一疊疊哲學書籍間所感受到的完全魔力。我經常隨手拿起一本書，內容可能關於社會正義，或者關於美學。我可以沉浸其中幾個小時，去了解創造像「美」這種概念的語言力量。我們每天都在使用這個詞，但我們知道這個詞的起源嗎？四年來的不斷提問，從根本上改變了我的思維模式。

如果說我在校園的四年裡只從事智識活動，那是一種誤導。有一些令人興奮的社交活動，其中大多數是與一群同樣在學哲學的朋友一起進行的：湯姆・泰卡西爾（Tom Thekathyil）、巴爾比爾・辛格（Balbir Singh）和我的兒時朋友孫合記。還有一位美國交換學生迪恩・斯威夫特（Dean Swift）加入我們，他至今仍是我一生的朋友。

和所有年輕人一樣，我們很快就發現酒精的樂趣，尤其是像伏特加這類廉價酒精。我們四處尋找好的飲酒場所。在這所大學美麗的武吉知馬校區，我們發現科學樓的屋頂是夜晚在星空下喝酒的好地方。只有一個問題：想要進入科學樓上鎖的門到達那裡的唯一方法，是搭乘隔壁大樓的電梯。兩棟建築物之間有一個約三英尺的小間隙。任何身體健全的人都可以毫無困難地跳過去，但一不小心就必死無疑。對於我們能在傍晚的跳躍中倖存下來我並不感到驚訝，我驚訝的是我們竟然在夜晚結束時還能成功跳回來。

那些年（一九六七年至一九七一年）的冒險行為並不限於校園內。有一天，我告訴迪恩我夢想去加德滿都。迪恩把這件事記在心裡。幾個月後，學年結束前，他交給我兩千美元現金。這是一份極其慷慨的禮物。迪恩常到我奧南路的家裡吃飯，他能看出我們有多窮。他知道沒有他的經濟援助我無法旅行。他說這份禮物是為了讓我實現我的加德滿都夢想。

於是我出發了。我從陸路前往檳城（Penang），路程約五百英里。在檳城我登上前往曼谷的火車。這是一趟漫長的旅程，它留下了兩段不可磨滅的回憶。首先是我讀完了杜斯妥也夫斯基（Dostoevsky）的《卡拉馬助夫兄弟們》（*The Brothers Karamazov*）。其次是我們在泰國潑水節（Songkran）那天的旅途中，路過的泰國人試圖向我們潑水以示善意。因此我們在經過城鎮和村莊時關上火車的車窗，然後在經過鄉間時打開車窗。我坐在一些年輕澳洲學生對面，其中包括幾位女性。當我們穿越一條小溪時，一些泰國小孩子把舀自溪裡的水潑進我們車廂中。我們大笑起來，直到一名澳洲學生發出尖叫聲，因為她發現溪水挾帶的幾隻蝌蚪正在她的胸罩裡蠕動。

我從曼谷搭飛機前往加爾各答，幸運的是，我母親的姊姊拉克希米阿姨和她漂亮的女兒們住在那裡。然後我決定從陸路前往加德滿都。在印度境內，我可以搭火車前往尼泊爾邊境。然而，當我到達邊境的小鎮時，發現前往加德滿都最便宜的方法是坐在一輛載著馬鈴薯的卡車後面。司機同意收我一筆小錢，讓我坐在一袋袋馬鈴薯上。在平坦的低地時，坐在沒有護欄的卡車上似乎舒適又安全，但等我們爬上山路後，我發現自己盯著令人頭暈目眩的懸崖，如果我從馬鈴薯袋滑下來，將沒有任何東西可以阻止我墜落。

當我抵達加德滿都時，更多危險等著我。我以非常便宜的方式旅行，所以我遇到的大都是來自美國和歐洲的年輕人。在加德滿都，一些美國人告訴我，美國駐加德滿都大使館希望他們接種肝炎疫苗，因為當時肝炎在尼泊爾十分猖獗。美國大使館為美國公民免費提供疫苗接種。我不是美國公民，所以我無法獲得。幸運的是，我沒有感染肝炎，儘管在這次旅行中我買不起瓶裝水。

我在加德滿都時，從一些新結識的西方朋友那裡聽說，可以步行到納加闊特（Nagarkot）這座約七千英尺的高山欣賞璀燦的夜空。我再次找到一輛卡車帶我到納加闊特的山腳下，然後獨自走上去。在這段路程中，我發現尼泊爾的孩子也很有生意頭腦。為了避免上山時迷路，我決定沿著蜿蜒的主要道路步行上山。過了一會兒，一個很年輕的尼泊爾男孩——大約十歲或十二歲——走向我。他說只要二十盧比就可以帶我走一條捷徑，讓我更快到達山頂。我同意了。然而，當我們走到半路，正處於荒野中時，他轉身對我說，他要改收一百盧比。他和我都知道，我必須付錢給他。

當我走到山頂後，發現我必須住在一間木屋裡。附近沒有太多可得的食物。我與一些來自美國和歐洲的年輕旅行者分享簡單的尼泊爾食物後，有人向我們兜售餅乾，我買了一些。夜色漸深，外頭的景色美極了。有成千上萬顆星星。對我來說，看到這麼多星星特別令人滿足，因為新加坡的城市燈光遮住了夜空中的大多數星星。我在地上躺了幾分鐘後，發現一件奇怪的事。星星開始移動並繞著圈子轉。漸漸地，它們移動的速度愈來愈快。我記得我讓身體緊貼著地面以避免頭暈。第二天早上，木屋裡的同伴解釋了發生的事。我在不知情的情況下第一次嘗到餅乾裡的大麻。

獨自一人、身上沒有多少錢，也沒有後援，就到這類偏遠地區旅行，對我來說顯然是不智的。在某些時刻，事情本來很可能會出差錯。讓這趟尼泊爾冒險之旅顯得更奇怪的是，我一生大部分時候是個書呆子。我藉由閱讀小說沉迷於冒險，例如我還記得《戰爭與和平》（*War and Peace*）裡的英雄皮埃爾歪歪斜斜地坐在窗臺上，大口喝著伏特加。在上大學之前，我沒有參加過多少體育活動。我的母親認為流汗是不健康的，不鼓勵我參加這類活動。我是個典型的書呆子，沒興趣進行身體上的冒險。

一九六八年或一九六九年，我去拜訪住在馬來西亞西北部吉打州的朋友錢德拉塞卡蘭．皮萊（Chandrasekaran Pillay）時，再度經歷一次驚險的徒步上山。湯姆．泰卡西爾、孫合記和我一起從新加坡搭便車到吉打。錢德拉不幸在小時候罹患小兒麻痺症，行動不方便。當我們抵達他家時，他說我們距離吉打州最高的山峰不遠，那座海拔三、九九二英尺的山正好就叫做吉打峰。如今，它被稱為日萊峰（Mount Jerai）。他告訴我們，我們可以在一天之內上山又下來。

我們搭乘巴士到達吉打峰山腳下時，天氣很晴朗。從那裡我們沿著蜿蜒的道路步行，輕鬆到達了山頂。到了下午要下山時，我們認為直線走下去會更快。

由於湯姆、孫合記和我都在新加坡的都市長大，我們不知道馬來西亞的森林有多茂密、多難以穿透。可想而知，我們走不到一、兩個小時就迷路了。我們也不知道該往哪個方向走。太陽已開始西沉。馬來西亞叢林不像溫帶森林，後者的樹木之間通常有足夠的空間可供行走，前者則有茂密的植被使得行動十分困難。二戰期間，抵抗日本占領的馬來西亞反抗軍攜帶被稱為巴冷刀（parang）的長刀以砍伐茂密的植被。我們什麼也沒有。最後，天色變得如此黑暗，我們甚至看不見自己的手。因為我們認為這是一日來回的旅程，所以沒有任何裝備，沒有多餘的衣服，沒有毯子，沒有手電筒——那個年代也沒有手機。我們都不抽菸，所以連打火機也沒有。

我們跌跌撞撞地用手摸索，直到我們以為自己遇到一塊巨大的岩石。巨石上沒有植被，我們決定睡在上面，以遠離叢林地面密布的蛇、昆蟲和水蛭。我們很高興找到了一個安全的避難處並睡了一夜。

隔天早上太陽升起時，我們發現我們三人睡在離懸崖只有幾英尺遠的地方，而懸崖的落差有幾百英尺。如果我們在睡覺時往錯誤的方向移動或起來小便，很可能就會掉下懸崖！

沒有一點浪漫的校園故事就不算是完整的。由於我忙於學習並愉快地與我的朋友圈交往，我沒怎麼努力去追求校園裡的眾多美女。我不知道為什麼我沒有在這方面採取主動。可能在那個年紀，我認為就像我所有的信德人親戚那樣，我的婚姻最終將由我母親來安排。我年輕時很尊重這個習俗。

幸運的是，校園裡有一位美麗的年輕女子決定採取主動。她的名字叫瑪麗蓮・吉爾文（Marilyn Girvin）。她來自英國家庭，父親在新加坡管理用水的國家機構公用事業局（PUB）擔任工程師。她主修英國文學。即使在數十年後，我仍記得她在一次聚會中走向我的神奇時刻。房間裡很暗，音樂聲很吵——六〇年代的優美歌曲，從披頭四到滾石樂隊、普洛柯．哈倫（Procol Harum），還有血汗淚合唱團（Blood, Sweat & Tears）。許多對情侶在跳舞。我沒有女朋友，所以站在一旁，可能正在喝啤酒。突然，瑪麗蓮出乎意料地走近我，握住我的手，把我拉到舞池上。我的心幸福地爆炸了。

在接下來的幾年裡，我完全著迷於瑪麗蓮。幸福的定義就是與她共度時光。遺憾的是，我發現自己無法經常和她在一起，因為她身邊總是圍繞著一群形影不離的親密朋友。我一開始很討厭他們，但後來和他們都成了好朋友。儘管如此，由於他們留給我和瑪麗蓮的相處時間很少，使得那些為數不多的相聚變得更加珍貴。我讀過大量莎士比亞作品和許多小說，很熟悉文學中對浪漫邂逅魔力的描述。直到我完全愛上瑪麗蓮前，才明白墜入愛河有多麼強烈和神奇。我感覺自己彷彿置身天堂。

我對整個大學生活最明顯的貢獻，是被任命為學生報紙《新加坡大學生》

（*Singapore Undergrad*）的編輯。身為編輯，我發現自己有一種喜歡挑釁的傾向。在我那個時代，政治冷漠的學生對學生報紙並不感興趣。因此，我嘗試透過選擇具挑釁性的標題來增加人們對文章的興趣，並鼓勵更多的辯論和反思。我做過最令人難忘的編輯決策是，把報紙的整個頭版留白，並在白頁中間印上一行小字標題：「我們真的這麼空白嗎？」

那也許是我寫過最大膽的標題，但多年後我認為改變我人生軌跡的那篇文章，是在一九六九年六月李光耀總理受邀訪問校園並發表演講後所撰寫刊登的。在演講的問答時間裡，一位哲學教授長篇大論地抨擊政府的墮胎政策。當時的學生主持人拒絕李光耀要求他繼續下個提問時，李光耀把他推到一邊並掌控了全場。我寫了一篇文章抗議這種不當的行為，並暗示李很可能走上獨裁之路。起初我以代表報紙觀點的社論發表這篇文章。雖然其他編輯喜歡這篇文章，但他們建議我以自己的名義發表。我也同意了。

這是一個愚蠢的行為。我的編輯同事顯然比我聰明。他們知道當時的人民行動黨政府對異議或批評並不寬容，而如此強烈和直接批評總理的文章，可能會帶來嚴重後果。如果我以個人名義發表這篇文章後，遭到某種形式的打壓，我的同學也不會感到驚訝。事實上，在我發表這篇文章後不久，我聽說曾任人民行動黨創始主席、最近才辭去副總理職務的副校長杜進才曾說：「告訴馬凱碩不要挑戰我。如果他這麼做，我會碾碎他。」

然而，文章發表後，我非但沒有被打壓，反而成為名人。《紐約時報》駐新加坡記者安東尼．波爾斯基（Anthony Polsky）來到校園採訪我。英國廣播公司（BBC）緊隨在後。同樣重要的是，我的同學開始更尊重我。我不再是一個不起眼的哲學系學生，每個人都知道我是誰了。

我的名人地位在我決定剃光頭後還進一步提升了。我的光頭產生了一種震撼的效果，校園裡開始有人揣測我為什麼要以僧侶剃光頭的模樣來嚴正抗議政府。事實上，這完全是一場意外。一九六九年十月，我滿二十一歲時，母親決定讓我參加一個重要的印度教儀式，象徵從童年過渡到成年。我問母親要如何準備這個儀式，她說我要去理髮，並告訴我傳統上男生都要剃光頭。所以我來到東海岸路的理髮店，告訴理髮師把所有頭髮都剃光。我提出請求時，（很愚蠢地）以為他會慢慢剪掉我的頭髮，如果我感到不舒服可以喊停。結果，他拿出電動剃刀，立即在我頭髮中間剃出光禿禿的一條。已經無法挽回了。於是，我頂著光頭去上學，留下許多同學至今仍津津樂道的回憶。

我做為新加坡政府公開批評者的聲譽日益增長，但並未對我造成傷害。這甚至可能對我有幫助，因為新加坡政府有一項不尋常的政策，就是招募異議者。在我之前擔任新加坡駐聯合國大使的許通美（Tommy Koh），和接替我擔任該職位的陳慶珠（Chan Heng Chee），在加入外交部前都曾挑戰過政府政策——許通美是以馬大社會主義俱樂部（University Socialist Club）成員兼馬大學生法律學會會長的身分，陳慶珠則是寫了一本書，主張人民行動黨鞏固其權力而削弱了新加坡的民主。另一位直言不諱的批評者是工人黨創始人大衛·馬紹爾（David Marshall），工人黨是繼人民行動黨之後的新加坡第二大政黨。馬紹爾被招募出任新加坡駐法國大使，並擔任該職務十五年。

這種大帳篷政策或許就是為什麼當時擔任國防部長的吳慶瑞邀請我加入他的國防部「神童」團隊，並承諾我將在那裡擁有光明的職涯。這對剛從學校畢業的學生來說，顯然是一個很棒的機會。但我愚蠢地告訴他真話：我不能接受他的提議，因為我是個和平主義者。他蔑視地看了我一眼，然後把我趕出他的辦公室。

不管是好是壞，我在武吉知馬校園的四年給了我對自由和獨立精神生活的信心。由於我的父母是保守的印度教徒，他們認為人生的首要責任是遵循古老的印度教傳統，而新加坡殖民地人口循規蹈矩的文化則認為，最佳的生存方式就是屈服於權威，所以我原本可能成為墨守成規、謹慎小心的人。然而在校園裡待了四年後，我已經準備好並且願意在各方面質疑傳統觀念。有許多因素促成這種強烈的思想獨立精神：我的哲學學習讓我質疑一切；我所有哲學教授都懷抱反傳統精神；我的朋友圈有著不從眾的傾向；以及我在校園裡得來的「激進學生」形象。

一九七一年四月二十二日我突然踏上公職生涯時，這種自由獨立的精神原本可能成為一種負擔。但事實證明，它反而是一項重要資產。在新加坡外交部三十三年的職業生涯中，我經常與新加坡三位主要建國領袖互動：李光耀、吳慶瑞和拉惹勒南。隨著我愈來愈了解他們，我發現無論在智識上或精神上，他們都是自由且獨立的靈魂。他們之所以成功，是因為他們反抗遠比我所面對的更強大的力量：力量更大且無所不在的英國殖民當局、殘暴的日本占領、敵對的馬來西亞政府，以及國家獨立之初面臨的艱巨挑戰。如果他們沒有準備好採取大膽和不因循守舊的作為，他們就不可能克服重重困難。他們也對一切提出激烈的質疑。我發現自己和很優秀的人共事。

一九七一年我準備為政府工作時，並不知道這一切。相反地，我感到戒慎恐懼，因為我認為人民行動黨政府是一股壓制新加坡自由的力量。由於我在大學階段就愛上哲學研究，我告訴自己，一旦完成總統獎學金規定必須服務五年的「義務」，我就會辭去政府工作。我的目標是重返哲學領域的學術研究。我一生欠了很多人的恩情需要償還，其中之一就是對新加坡大學（現在是新加坡國立大學）的感激。大學釋放了我的自由精神，把我推向一個豐富多彩的人生。

第四章——爆炸性的地緣政治教訓

我在一九七一年八月二十二日加入外交部，才三、四週的時間，我就感染了水痘。這種病沒有快速治癒的方法，也沒有任何藥物可以服用。我所能就是在家休息三週，想到自己躺在床上也能每天賺三十新元（當時的十美元），我就驚嘆不已。

三十新元對當時的我和我的家人來說，是一筆不小的錢。我有生以來第一次感受到經濟上的安全感。我們每個月都有足夠的錢支付所有帳單。我每月賺九百新元，其中八百新元交給我母親，只留下一百新元做為個人開支。

外交部辦公室位於政府大廈二樓。（如今這個空間已成為國家美術館的二樓。）我們可以經由聖安德烈路（St Andrew's Road）上面對政府大廈大草坪（The Padang）的宏偉臺階進入那裡。那時候完全沒有安全欄柵。任何陌生人都可以走進去而不會被阻攔。在某種程度上，我們當時享有真正的行動自由。

一九七一年的政府大廈大部分房間沒有空調。吊扇讓我們保持涼爽，但在我們用來做為辦公室的挑高兩層樓大廳裡，吊扇的效果並不好。我記得坐在辦公桌前會不時流汗。由於新加坡的天氣炎熱又潮溼，這並不奇怪。這個經驗讓我想到李光耀說空調是「二十世紀最偉大發明」的智慧。當被問及他夢想中的發明是什麼時，他說：「空調內衣。」

像我這樣的新雇員被分派擔任數個國家的「司務員」（desk officer）。我們的辦公桌上堆滿被分派國家的報紙。我們很容易被誤認為是一家報攤。事實上，當財政部的審計員來到外交部時，他們報告說外交部的司務員整天都在看報紙，沒有做足夠的工作來證明領取月薪的合理性。我得承認，我很喜歡把看報紙當作工作的一部分。

許多我的司務員同事成為我終身的朋友，我至今仍然與他們保持連繫。在我一九八五年的婚禮上，傑佛瑞（Geoffrey Yu）是我的伴郎。陳淑珊（Tan Siok Sun）在我大兒子一九八六年出生時，成為他的乾媽。一九七一年的新加坡仍有許多街邊攤販，今日它們大多已消失。身為年輕的司務員，我們常在這些小攤吃飯。我們在一起吃炒粿條（char kway teow）[1]的日子裡建立了深厚的情誼。從政府大廈的後門，我們可以很快地走到福南街（Hock Lam Street）。這條又短又窄的街道擺滿許多街邊攤。我們會坐在離水溝很近的凳子上，狼吞虎嚥地享用美味的炒粿條，每盤的價格只略高於三十美分。我就是從這時候開始了對這道典型新加坡美食的終生熱愛。

當時外交部只是一個很小的部門。基本上，裡面有三位很資深的官員：部長拉惹勒南、常任祕書史丹利．史都華（Stanley Stewart），以及副祕書

1 一種鑊炒米粉。

林金國（Lim Kim Kuay，音譯）。我們所有人，包括像我這樣新來的初階官員，都可以在一間較小的空調會議室裡，與部長一起圍坐在一張長方桌旁。拉惹勒南部長坐在會議桌的首位。

剛開始，會議按照既定的腳本進行。拉惹勒南部長會說明世界現狀。由於他才智出眾且大量閱讀，他的發言極具洞察力和啟發性。發言結束後，他會問我們是否有任何意見。按照亞洲風格，我們會保持沉默。然後史丹利．史都華——他可能在英國殖民機構受過良好的訓練——會說我們都同意部長的精采演講。會議將在幾乎沒有討論的情況下結束。

當我和同事們確信拉惹勒南部長實際上很想聽聽外交部官員的觀點時，這段腳本就被束之高閣了。我們合謀「打破常規」，並發表一些看法。我的朋友陳淑珊，晚我一個月加入外交部，她回憶道，一開始，史丹利．史都華因為我們敢於發言而怒視我們。不過，他是個好人。他沒有懲罰我們，而是允許我們在週一與部長的會議上繼續發表評論和提出問題。事實證明，公開對話正是拉惹勒南部長所希望的。每當我們表達意見時，他的臉上都會露出欣喜的表情。他很樂意參與討論，因為他喜歡一場精采辯論中的來回交鋒。事實上，他是一位技巧高超的辯論者，一如我在外交部職涯過程中發現的。每當我與拉惹勒南部長交談時，不管是在這些會議上還是在其他地方，我都覺得自己正在與一位志同道合的自由靈魂交談。

他個性和人格的核心矛盾之處在於，雖然他可以是一位強勢的辯論者（特別是他在面對新加坡的親共勢力或國際上的親蘇勢力時），但他在個人層面上也是一個十分溫暖和親切的人。他總是很慷慨地讚美人，甚至對我們這些初階官員也是如此。當他稱讚我們對國際情勢的分析時，我們感到很自豪。

儘管我很享受一九七一年和一九七二年在外交部的工作，但我內心很矛盾。我並不認為自己會在外交部待太久。我的夢想仍然是回到哲學研究。因此，我的社交生活主要還是在週六晚上到柯林和芭芭拉家裡，與我的哲學系老同學和新朋友共進晚餐。新來的英國外交官約翰．葛森（John Gerson）也加入了這個圈子，並且成為我在世界各地屢次相逢的終生朋友。

儘管我已加入政府，但我也與「激進份子」和批評者混在一起，他們因為我過去曾是「學生激進份子」的名聲而與我連繫。林少偉（William Lim）和鄭慶順（Tay Kheng Soon）領導一群格外會批評政府的建築師。他們是設計夥伴建築公司（Design Partnership Architects）的合夥人，並成立一個名為新加坡都市規畫研究小組（SPUR）的非政府組織。SPUR是刻意選擇的縮寫，因為該組織希望鞭策（spur）政府重新思考和改變政策，特別是在都市規畫方面。奇怪的是，儘管我在一九七一年已是公務員，但我還是被任命為該小組的財務主管。這種事在今天絕對不會發生，因為公務員不被允許加入獨立的批評團體。

儘管SPUR從未被認為在新加坡的發展中扮演任何重要角色，但我認為它可能做了一些值得注意的貢獻。例如我記得在一九六〇年代末，早在這個想法引起注意前，SPUR就提議把機場從巴耶利峇（Paya Lebar）遷到樟宜（Changi）。後來政府同意把機場遷至樟宜。那是因為SPUR提出了這個構想，還是政府自己做出了這個決定？

新加坡第一任首席部長大衛・馬紹爾邀我和他一起共進午餐，在此之前他已是新加坡政府最嚴厲的批評者之一。像我這樣一個出身卑微、家庭社會地位很低的人，能與馬紹爾這種大人物共進午餐，很令人緊張的經驗，因為他聲音洪亮、自信滿滿，給人一種強烈的存在感。我們最後成為終生的朋友。尤其奇妙的是，在他擔任新加坡首任駐法國大使（任期從一九七八年到一九九三年）時，我當時擔任外交部副常任祕書而成了他的上司。人生總是會出現一些有趣的轉折。

在我加入新加坡外交部時，外交部沒有能力訓練新任官員。我第一次接觸外交訓練是在加入外交部約一年後的一九七二年，我被派去參加澳洲外交部的培訓課程。我在坎培拉上了三個月的課（包括一趟令人興奮的巴布亞新幾內亞之行），然後在波昂（Bonn）的澳洲大使館實習五個月。這個澳洲課程在許多方面讓我大開眼界。在踏上澳洲之前，我從未造訪過「已開發」的第一世界國家。我很快就發現，在已開發國家的生活遠比在新加坡這樣的開發中國家舒適。我明白了為什麼我的一些同代人決定移民到澳洲、加拿大、英國和美國等已開發國家。我沒有受到誘惑。我不知道為什麼沒有，但我——

即使是個年輕人——可能對亞洲的未來抱著很大的期望。此外，由於母親完全依賴我，我知道帶她到一個全新的環境將很殘酷，尤其是她已經適應新加坡。我深感有責任照顧她。

在澳大利亞，我第一次體驗了冬天，因為新加坡並沒有真正的季節變化。我與寒冷的天氣有了一次要命的遭遇。在坎培拉期間，我和一位年輕的澳洲女子雪萊・華納（Shelley Warner）約會，她父親丹尼斯・華納（Denis Warner）是駐東南亞的傳奇澳洲記者。雪萊開著一輛沒有暖氣的老式敞篷跑車。她提議開車送我到距離坎培拉三小時車程的雪梨。不幸的是，當我們在寒冷的深夜開車回來時，她的舊跑車拋錨了。由於我沒有穿保暖的衣服，站在寒冷的野外幾乎要凍僵了。幸好最終我們獲救了。現在每當冬天長途駕車時，我總是帶著保暖的衣服。

雪梨是一個充滿活力和吸引力的城市，讓我大開眼界。我從未看過一流的音樂劇演出，所以當我去觀賞《萬世巨星》（*Jesus Christ Superstar*）時，真的被震撼了。音樂和表演都很棒，以浮誇的方式表達對宗教與崇拜的不敬，與我的不可知論／無神論傾向產生了共鳴。我也發現我的澳洲同學熱情、友善、輕鬆。新加坡在不穩定的狀態下獲得獨立後，頭六年裡，李光耀不斷強調新加坡生存的唯一出路是人民要「工作、工作、工作」。澳洲人的態度似乎是：「為什麼要工作？」事實上，在坎培拉的一個早上，我們因為一位講師無法出席而取消一整天的課程。澳洲學生做了他們自然而然會做的事：去酒吧。那是我人生中第一次從上午十點到晚上十點持續喝啤酒。

我在澳洲還有其他奢侈的體驗。澳洲政府為我安排澳洲航空的頭等艙座位從坎培拉飛往德國，這趟旅程進一步拉大了新加坡這類開發中國家和已開發國家之間的差距。我在波昂的澳洲大使館工作的五週，留下了三個不可磨滅的記憶。

我抵達波昂時，正值一九七二年八月二十六日慕尼黑奧運會開幕。澳洲大使館慷慨地準備了一張門票讓我參加開幕式和其他活動。不過，由於慕尼黑旅館房間都客滿了，我不得不在澳洲領事館打地鋪。我期待著一場歡樂的開幕式。但令人遺憾地，整個開幕式籠罩在陰鬱中，因為我們在奧運會開始前哀悼以色列運動員的遇害。以色列運動員遭巴勒斯坦恐怖份子殺害至今已經五十多年，然而一如二〇二三年加薩周圍慘絕人寰的殺戮所顯示的，以色列和巴勒斯坦間的暴力循環並沒有減少。世界在處理以巴衝突這方面，顯得相當缺乏智慧。

我第二個鮮明的記憶也是沉重的。由於會說一些印地語，我與一位在波昂一家加油站工作的印度非法移民成為朋友。他邀我到家裡吃晚飯。他住在一個非常簡陋的小房間裡。晚餐時他只有米飯和稀釋的牛奶。沒有咖哩。沒有香料。沒有蔬菜。沒有肉。為了不讓他難堪，我津津有味地吃著這頓飯，告訴他，我很享受它。這次經驗讓我看清了一個無法否認的現實：即使在最發達的社會裡，也存在勉強餬口的下層移民。不過，我毫不懷疑他在德國賺的錢正在幫助印度的某個貧窮村莊。據我所知，富裕的德國社會很樂於享受這些非法移民提供的廉價勞動力，但在德國人眼中，他們是隱形的。這些移民雖然在那裡，卻又不存在。

波昂的第三個鮮明記憶並不沉重，但這次經歷卻令我震驚。在二戰結束二十七年後，西德已成為富強的國家，繁榮景象處處可見。儘管如此，對我來說最震撼的還是走進一家只賣巧克力的商店。在我一生中，巧克力一直是奢侈品。一整家商店都在販售這種昂貴的奢侈品，似乎是豪奢的極致呈現。看到商店裡販賣的巧克力數量和種類時，我的下巴都驚掉了。事實上，在我這個第三世界的人看來，這種富裕簡直是罪惡的。

一九七二年九月離開波昂後，我在新加坡外交部工作了不到一年，接著就被派往海外執行第一個外交任務：從一九七三年六月起擔任新加坡駐柬埔寨金邊大使館的臨時代辦（chargé d'affaires）。對像我這樣剛服務兩年多的初階外交官來說，二十四歲就出任使館館長（高階職位）是一次令人戒慎恐懼的升遷。

金邊是一座圍城，赤柬（Khmer Rouge）軍隊（在蘇聯和中國的支持下）已完全包圍它。我在金邊的那一年，這座城市幾乎每天都受到赤柬的火箭或大砲轟炸。

危險是我能從高階工作展開外交生涯的原因：這個職位先是提供給一位

比我大十歲的外交官，但他拒絕了，說他有妻子和孩子要照顧。接著又提供給一位比我大五歲的人，他也拒絕了，說他有妻子。顯然明智的新加坡外交官不會接受派駐到一個陷入激烈內戰的城市。

當我接到這個職位時，已經有兩年工作資歷，但我的家人仍住在奧南路一七九號。唯一的臥室由我母親與我的兩個妹妹（我姊姊已經結婚）共用。我睡在另一個兼作客廳的房間。我還是單身。我沒有什麼好損失的，所以我愚蠢地接受了這份工作。我母親沒有反對，因為她不知道有多危險。她到金邊探訪我時，才意識到那有多危險。運氣不好的是，有一枚火箭擊中了中央市場，當時她剛好在那裡購物。幸運的是，火箭沒落在靠近她的地方。

我六月抵達金邊時，雖然有砲擊，我的物質生活卻獲得極大的改善。我從一間與家人合住的單臥室公寓搬進一棟有四間臥室的平房。我有一名常駐管家、一名廚師、一名園丁和一名保全。此外，我還配備一輛有司機的賓士轎車，車頭懸掛著新加坡國旗。每週從新加坡起飛的航班會運來各種外交接待用品，包括成箱的香檳。我母親對我的平房和家事服務員印象很深刻。我的晚宴招待的客人之一是《華盛頓郵報》駐金邊記者，這位年輕的美國女性叫伊莉莎白・貝克爾（Elizabeth Becker）。她因為前線的報導和隨後出版的書籍而出名。幸運的是，伊莉莎白會說一些印地語。我母親和她因此結緣，而她也一直是我終生的朋友。

就這樣，雖然我生活在開發中國家一個貧窮、飽受戰爭蹂躪的城市，但我有生以來第一次體驗到相當於中上階級的生活方式。當初抵達金邊時，我對外交接待的基本知識一無所知。事實上，當德國臨時代辦瓦爾特・馮・馬歇爾（Walther von Marschall）男爵第一次邀請我共進晚餐時，我對面前擺放的餐具之多感到驚訝。我完全不知道該如何使用，因為我在家裡還是用手吃飯，或者在新加坡的小餐廳使用湯匙、叉子或筷子進食。我是透過觀察其他外交官來學習。慶幸的是，有人告訴我餐具的使用規則是從擺在最外側的開始使用，然後再往內逐一使用。

儘管我覺得不習慣，但慢慢地，我對自己做為外交官和政治分析家有了一些信心。有一天早上發生的事尤其讓我感到安慰。當我帶著嚴重的宿醉所造成的不適抵達辦公室時，我的私人助理提醒我必須寫一份有關柬埔寨最新情勢的每週報告，因為每週的外交郵袋將在幾個小時後啟程送往新加坡。儘管腦子一片迷霧，我還是很快寫成一份報告。我不記得自己在報告裡寫了什麼，但幾天後我收到外交部的電報，說他們認為我的報告富有啟發性，並已送給內閣參考。這件事證實了酒精和外交是相輔相成的。

我也從我在柬埔寨的第一次外交任務學到地緣政治學中最重要的教訓之一：如果小國無法理解鄰近地區正在發生的大國競爭，可能就會蒙受巨大的損失。奇怪的是，希臘歷史學家修昔底德（Thucydides）早在兩千四百多年前就清楚表達了這個教訓。米洛斯（Melos）這座小島試圖在雅典帝國與崛起的斯巴達國之間的衝突中保持中立。雅典使者威脅米洛斯人，如果不屈服就會遭到毀滅，並對米洛斯人說：「強者可以為所欲為，弱者必須承受苦難。」

在我研究地緣政治的五十年裡，這個教訓不斷浮現。這就是為什麼新加坡的三位開國領袖李光耀、吳慶瑞和拉惹勒南，都是頑固的地緣政治現實主義者。他們對權力的本質不抱任何幻想。大國在與小國打交道時，永遠把自身利益置於原則之上。

這就是美國自一九七〇年以來對柬埔寨所做的事。美國（在尼克森及其國家安全顧問季辛吉的領導下）捲入一場痛苦的衝突，目的是阻止北越軍隊席捲南越。美國封鎖北越和南越之間的邊界，北越則透過毗鄰的寮國和柬埔寨走私軍火來繞過封鎖。美國的因應是對寮國和柬埔寨進行大規模轟炸。當這麼做不管用時，中央情報局（CIA）在一九七〇年策畫了一場針對柬埔寨「中立」統治者施亞努國王（King Sihanouk）的政變。趁著施亞努出訪外國時，中情局鼓動龍諾（Lon Nol）將軍奪取權力。記者西莫·赫許（Seymour Hersh）聲稱，「自一九六〇年代末以來，立即推翻施亞努政權一直是在柬埔寨境內行動的綠扁帽（Green Berets）偵察部隊的首要任務。還有無可爭議的證據顯示，龍諾在一九六九年曾與美國軍事情報人員接觸，並被要求推翻施亞努政府。」

和中情局政變所扶植的大多數軍事傀儡一樣，龍諾被證明是一個無能的統治者。短短三年內，他的政府讓赤柬占領了大片領土。他的失敗有許多原因。貪腐是其中之一。為什麼我派駐金邊那年遭到的砲擊變得更猛烈？赤柬又是如何運補向這座城市發射的砲彈？每週都有勇敢的美國飛行員飛到危險的金邊機場，向龍諾的將領運送新的砲彈。然後這些將領會把一車車的砲彈運出城外，賣給赤柬以換取美元現金。砲擊因此得以持續不斷。令人震驚的是，這些將領竟然願意冒著砲彈可能擊中自己還住在金邊的家人的風險。

我有幸在金邊見到幾位優秀的美國外交官，他們竭盡所能協助龍諾政府，華盛頓特區的美國政府也是如此。遺憾的是，由於兩國政府之間的權力極度不平衡，美國政府不只是提供協助，還接管了龍諾政府。抵達金邊後不久，我就結識一位年輕的非裔美國女外交官。她向我描述了她的工作。每天早上，她會收到一連串來自華盛頓特區的指示，當我們在金邊醒來時，華盛頓特區的人已經上床睡覺。接著她會開車到商務部，親自把指示交給部長，然後由部長執行。簡而言之，龍諾政府是典型的無助傀儡政府。

就我個人而言，儘管金邊的情況不斷惡化，但隨著我愈來愈了解外交實務，我仍過著愜意的生活。對我來說幸運的是，馬來西亞派了一位非常老練的年輕外交官——仁吉．沙蒂亞（Renji Sathiah）——到金邊。和我一樣，仁吉也有印度血統，但他在英國的學校和大學接受教育，而且他有一位法國妻子。他在複雜的外交環境中游刃有餘。我藉由仔細觀察他而學到很多。他輕鬆自如地散發魅力。老練的歐洲外交官都圍繞著他，享受他的陪伴，並向他學習。他是我遇到的第一位外交老師，也可能是最好的一位。不幸的是，他有一個大缺點，而我也學到了這個缺點。他喜歡玩撲克，經常輸錢。當我加入他的牌局時，我也輸錢。很久以後，我們發現一起打牌的一位歐洲紳士出老千，藉由在紙牌上做記號來騙我們的錢。

我在金邊也經歷過危險時刻。最糟的一次是附近遭到砲擊，另一次是不小心走進一個雷區。我最接近炸彈爆炸的一次，並非來自赤柬的火箭，而是一名抱持異議的飛行員決定轟炸中情局扶植的柬埔寨總統龍諾將軍的總統府。這個事件發生在下午三點左右。當時，因為柬埔寨還是法國殖民地，仍然遵循殖民時期規定的辦公時間，所有辦公室都在下午的午休時間關門。因此，當第一枚炸彈落下時，我正在家裡小睡。

我的外交官邸就在總統府旁邊。事實上，從我的餐廳往外看，就可以看到對街守衛總統府入口的坦克車。有時候我會想，會不會有坦克車不小心朝我家開火。由於距離總統府如此近，爆炸的衝擊力十分強大。我睡覺的床被彈到空中。我回神後，想起一條黃金準則：轟炸開始時，要躲到樓梯底下。於是我從二樓的臥室跑到一樓，躲在樓梯底下。我剛跑到那裡，另一顆炸彈擊中了總統府。它落在離我住所更近的地方。爆炸震碎了所有窗戶，玻璃碎片四濺。樓梯保護我免於被飛濺的玻璃傷害。

我們從這場轟炸學到一個教訓。窗戶修好後，我們在所有玻璃上貼膠帶，以防止日後的爆炸造成玻璃碎片飛散。我們還在房子周圍堆放八英尺高的沙袋，以吸收爆炸的衝擊波。不過，我在金邊期間，總統府並未再遭到轟炸。

這並不是這棟房子第一次感受到爆炸的衝擊。我的前任李宗嚴（Lee Chiong Giam）從一九七〇年到一九七三年在金邊任職三年，他也經歷過一次砲擊，導致官邸受損。外交部得知官邸遭砲擊後，立即詢問李宗嚴有沒有陶器或餐具在爆炸中受損。沒有人問他和他的家人是否安好。幸運的是，在我這次事件中，他們比較不擔心瓷器。經過這些年，新加坡外交部變得更有人情味了。

幾個月後的一個下午，我聽到我住所附近傳來砲火攻擊的巨響。很快我就得知，砲彈落在離我住處不到一公里的市場。出於好奇和對自身安全的輕忽，我匆匆趕去觀看現場受到的破壞。我到達市場時，眼前的景象極其可怕：街道上散落血肉模糊的屍體。砲彈落在泥濘的戰場上已經足夠致命，砲彈碎片的散射角度約在四十五度到七十五度之間。然而，砲彈落在混凝土地上的殺傷力還要大得多，因為彈片會水平飛散，殺死更多人。我到達時，看到了數十具屍體。幾分鐘的驚恐過後，我猛然意識到，如果赤柬軍隊繼續砲擊，我可能會當場斃命。我趕緊跑回相對安全的住所。

我第二次差點喪命是在我走進雷區時。在這座被圍困的城市生活幾個月後，英國臨時代辦大衛．麥基利金（David MacKilligin）、柬埔寨年輕教師徐西泉（Sichan Siv）和我，決定冒險開車離開這座圍城去看看鄉村。我們很無聊，城外的道路上空無一人。橋梁有人把守，以防止附近的赤柬破壞。開了一段路，我們在一座橋前下車。徐西泉向守橋的士兵詢問前往湖邊的路。一名士兵給我們指了一條泥土路。我們走了大約一百公尺後，那個士兵對我們大喊。徐西泉以高棉語翻譯了他喊的話：「我覺得這條路埋了地雷。」我們三個人都愣住了。我們仔細看著我們在泥地留下的腳印，慢慢地往回走，確保只踩到之前留下的腳印。

後來，金邊在一九七五年四月十七日落入赤柬手中，徐西泉遭受了巨大的苦難。和所有受過教育的柬埔寨人一樣，他被送進一個再教育營。在這些再教育營裡，許多人被屠殺或餓死。在這場種族滅絕中，徐西泉失去了十五名家人，只有一個妹妹倖存。徐西泉奇蹟般地逃脫，步行多日才到達泰國的一個難民營。他從那裡前往美國，進入哥倫比亞大學攻讀國際事務碩士課程，並與一位可愛的德州女子瑪莎．帕蒂羅（Martha Pattillo）結婚。更神奇的是，後來他在白宮找到一份工作，擔任老布希（George H. W. Bush）總統的副助理。

由於徐西泉非比尋常的人生經歷，《人物》（*People*）雜誌決定撰寫一篇有關他的報導。唯一的問題是：徐西泉沒有早年生活或家人的照片。他離開柬埔寨時一無所有。巧的是，一九七三年他曾邀請我參加他一個姊妹的婚禮，而我保存了那場婚禮的照片。這些照片成為他唯一的家庭紀錄。徐西泉在《金色骨頭》（*Golden Bones*，二〇〇九年出版）中講述他的人生故事，非常值得一讀。

徐西泉的人生故事十分耐人尋味，因為它清楚地呈現美國極其弔詭的世界影響力。一方面，很少有社會像美國一樣慷慨地歡迎外國人。我想不出在其他任何社會，能讓自異國文化的成年難民在總統辦公室找到工作。徐西泉的故事透露出美國精神的慷慨。另一方面，徐西泉的故事也展現了美國對世界影響力的冷酷和殘忍。如果美國沒有在一九七〇年三月策畫針對施亞努的政變，可以想像赤柬就不會接管柬埔寨。該國就不會發生種族滅絕，徐西泉的大部分家人今日都還會活著。

我在金邊還有一次瀕臨死亡的經驗。由於柬埔寨的菁英階層講法語，我開始跟隨法國大使館武官的妻子妮可．吉洛特（Nicole Gillot）學習法語。做為一名軍官，妮可的丈夫很喜歡冒險。他在洞里薩湖（Tonle Sap）安排了滑水活動。我從未滑過水。湖水很平靜，在那裡滑水應該很安全，但因為是新手，我經常從滑水板上摔下來。有一次我摔倒後沉入水裡，在我努力浮上水面時，聽到了震耳欲聾的巨大爆炸聲，幾乎把我震暈。事實上，這些爆炸的目的就是為了震暈。由於飽受戰爭蹂躪的柬埔寨黑市裡販售很便宜的軍用裝備，漁民發現，最快的捕魚方法就是把手榴彈丟進水裡。爆炸會震暈魚，漁民就可以輕鬆撿拾浮上水面的魚。

我在柬埔寨也參與其他一些冒險活動。有一天，龍諾政府決定讓駐金邊的外交官飛往另一個城鎮，以便向我們證明它沒有因為赤柬而喪失整個國家，儘管事實上它已經失去大部分的鄉村地區。到了約定的日子，我們搭上了指定的客機，從金邊機場起飛。我們注意到飛機以陡峭的角度升空，並在攀升後盤旋於金邊上空，以避免遭到控制鄉村的赤柬部隊砲擊。我們飛了不到半小時就被告知必須返回金邊，因為目的地的機場剛遭到砲火攻擊。

當我們返回金邊機場時，那些較年長而有智慧的外交官決定早點結束行程回家。由於我年輕又愚蠢，我決定接受另一個提議：搭乘武裝直升機前往剛才機場遭到砲火攻擊的小鎮。由於武裝直升機不是為乘客設計的，所以我坐在砲手的座位上。為了確保安裝在這架武裝直升機上的機槍能自由移動並從任何角度射擊，直升機沒有門。

當我們起飛並開始飛離金邊時，我欣賞著柬埔寨的農村，這是我很少看到的景象。已經灌滿水的稻田顯得格外美麗。飛行途中，飛行員決定讓直升機傾斜以進行急轉彎，我突然意識到直升機沒有門，唯一能防止我掉下去的就是我的安全帶。

老實說，我不記得我們是否飛抵我們應該去看的小鎮。我只記得那段危險的旅程。

儘管有這些驚險事件，金邊的生活並不會讓人不愉快。事實上，它仍然有一些有趣的訪客，例如著名的英國小說家約翰．勒卡雷（John le Carré）當時正在為他的下一部小說做研究。勒卡雷曾在德國的軍情六處服務，因此與德國大使館臨時代辦瓦爾特．馮．馬歇爾男爵是好朋友。瓦爾特男爵也是我的好朋友，因為我是少數願意陪他進行他最愛的活動的外交官：在露天路邊攤吃東西。他最喜歡的菜是柬埔寨粿條湯（Kuy teav）。在這些攤位吃東西只有一個問題。我們得一手拿著筷子吃東西，另一手不停揮舞驅趕走想停在食物上的成群蒼蠅。

當勒卡雷來到金邊時，瓦爾特男爵邀請他參加我們例行的享用粿條湯。我清楚記得我們談話的一部分。勒卡雷說，他在柬埔寨只有兩、三天時間。不過在這短短的幾天裡，他想參觀好幾個城市。我告訴他不可能，因為在柬埔寨城市間飛行的幾架飛機總是超額預訂。他對我微笑說，他會包下一整架飛機兩、三天。我很驚訝。包租一架飛機要花一大筆錢。當《可敬的學童》（*The Honourable Schoolboy*）出版時，我查了一下這本小說有多少頁是以柬埔寨為背景。儘管包機成本高昂，但只有三頁專門介紹柬埔寨。昂貴的三頁！

由於勒卡雷包租了一架飛機，這讓他錯失了典型商業航班上的有趣經歷。我們登上飛機後，駕駛員會匆匆把飛機開到跑道上準備起飛。由於飛機客滿，很難找到座位，部分原因是有些座位被動物占據了，例如山羊。正當我還在走道上尋找座位時，飛機起飛了。駕駛員急匆匆是有充分理由的：他們知道飛機在地面上可能會遭到赤柬的砲擊。它們在空中更安全，因為赤柬沒有防空飛彈。

當然，大多數金邊外交官都擔心自己的人身安全。我在金邊時，美國國會於一九七三年八月十五日做出一項重大決定，斷絕美國對柬埔寨赤柬部隊進行轟炸的資金。一些老練的歐洲外交官相信，金邊軟弱的親美政府第二天就會崩潰。於是在一九七三年八月十四日晚上，英國駐金邊大使把自己的床從官邸搬到辦公室，認為如果金邊淪陷，那裡會是比較安全的避難所。幸運的是，這座城市沒有陷落。幾天後，英國大使有點丟臉地回到官邸。

英國大使在一九七三年八月擔心發生的災難，在一九七五年四月應驗了。大多數美國人還記得越南的淪陷，當時人們慌亂地從美國駐西貢大使館的屋頂進行舉世矚目的撤離。但很少人記得柬埔寨落入赤柬手中那場更加悲慘的災難。

美國國務卿安東尼·布林肯（Antony Blinken）在二〇二一年一月的參

議院確認聽證會上，迫於共和黨議員的折磨和威逼，聲稱中國在新疆進行「種族滅絕」。這種說法其實與事實不符。新疆沒有發生種族滅絕。相比之下，一九七五年到一九七九年的柬埔寨確實發生了一場「種族滅絕」，而且那是一九七〇年中情局決定推翻合法的施亞努政府，以及後來美國國會決定從柬埔寨撤軍的直接結果。當時居住在柬埔寨的近七百萬人中，有一百萬人被殺害。

中情局利用來推翻施亞努的關鍵柬埔寨領導人之一，是他的堂弟西索瓦．施里瑪達（Sisowath Sirik Matak）親王。在柬埔寨即將淪陷之際，美國政府值得尊敬地提供他離開柬埔寨的安全通道。同樣值得尊敬的是，他拒絕「以如此懦弱的方式離開」，雖然赤柬已公告他的名字被列入準備處決的叛徒名單。他在拒絕信中說：「我只是犯了相信你們美國人的錯誤。」施里瑪達遭到赤柬公開處決。季辛吉回憶說，他腹部中彈，在沒有醫療救助的情況下三天後死去。

種族滅絕發生在我離開柬埔寨後。我的許多朋友在這場種族滅絕中喪生。我記得我問一位藥劑師朋友，如果赤柬接管，他會不會離開柬埔寨。他自信地說，赤柬也需要藥劑師。然而，他因為戴眼鏡這個唯一的罪名而被殺害。

這些可怕的故事和生命損失讓我深切體會到，巧妙的外交和了解地緣政治對避免戰爭的恐怖有多重要。當時我還沒有完全意識到，在柬埔寨的這一年，點燃了我對地緣政治的熱情。我在一九七四年六月離開金邊時，仍然決定在我的總統獎學金五年服務期限於一九七六年結束時放棄我的外交生涯，去追求成為哲學家並在大學教書的真正夢想。這個雄心壯志因為另一個因素而得到強化。在大學時代，身為校園激進份子，我一直在批評新加坡政府。那麼我怎能奉獻這一生為那個政府工作？

然而，身為代表新加坡的外交官，我逐漸意識到，新加坡只是列強環伺的凶險大海中的一條小魚。在保衛新加坡時，我實際上是在保衛一個弱者，對抗更強大、更危險的力量。這也許可以解釋為什麼我最後花了三十三年時間從事外交工作，而不是規定我服務的五年。

在柬埔寨的這一年，我經歷了極其豐富的談話和同志情誼，這些都是生活在一個黑暗無光、遭到砲擊的城市中，從悲傷和恐懼的共同經驗自然發展出來的。我也經歷過各種形式的頹廢和痛苦。現在回想起來，我意識到那是豐富、充實和具有啟發性的一年，它讓我朝正確的方向前進：終生研究殘酷而危險的地緣政治領域。

第五章——在酷寒中學習哲學

如果說一九七三至一九七四在金邊的一年是我人生最多事的一年，那麼一九七四至一九七五在哈利法克斯（Halifax）的一年則是最平靜的一年。我來到哈利法克斯是因為新加坡國立大學前哲學教授羅蘭．普切蒂不久前出任戴爾豪斯大學哲學系主任。他好心地安排我在那裡擔任教學研究員，並提供我每月兩百加元的津貼。

我對戴爾豪斯大學或哈利法克斯一無所知。事實上，我對哈利法克斯地理的無知帶來一段痛苦的旅程。從新加坡飛往北美最便宜的方式是搭乘途經莫斯科的俄羅斯航空（Aeroflot）航班，而那是我第一次見識到俄羅斯航空粗暴且不友善的空服員。但我很高興能接受時任新加坡駐蘇聯大使拉曼（P. S. Raman）的招待，在莫斯科度過幾天。我錯誤地以為哈利法克斯離紐約很近，所以我決定搭乘灰狗巴士前往哈利法克斯。那段旅程很難熬，我必須換乘好幾次巴士，花了三十六個小時才抵達。

那麼我為什麼選擇哈利法克斯呢？關鍵因素是羅蘭·普切蒂。他擔任新加坡大學哲學系主任時，我對他深感尊敬和欽佩。他是一位真正有成就的學者，發表了深奧的哲學文章和小說。他教授的前蘇格拉底哲學家的課程，令人讚嘆。我仍然記得他教我有關赫拉克利特（Heraclitus）的思想。他很有幽默感，眼睛總是閃閃發亮。正如前面提到的，他克服重重困難，巧妙地安排我轉到哲學系。我很感謝這位了不起的人。我深深敬佩他，在這裡，我要說一個關於他的悲傷故事。

他最後過著悲慘的生活。無論是在新加坡還是戴爾豪斯大學，他的妻子一直陪伴著他，兩人都是美國人，且已結婚多年。我不認為他們有孩子。不幸的是，在我離開戴爾豪斯後，他愛上了一個學生，並離開了妻子。不知什麼原因，他的生活從此開始走下坡。離開戴爾豪斯後，他找不到工作，失去或花光了積蓄。後來我聽說他在紐約無家可歸地過世了，感到非常沉痛。我們沒有人料到，我們認識的這位閃閃發光、才華橫溢的人會有如此悲慘的結局。這個消息對我和我以前哲學系的同學打擊很大，因為我們在大學時期和他十分親近。

在哈利法克斯平靜的一年，出現了我人生中的三個關鍵轉折點。首先，它重新燃起我對哲學的熱愛，但這次是在不同的領域：社會與政治哲學。其次，我發現學術界的職涯畢竟不適合我。事實證明，學術界的勾心鬥角與官僚體系一樣惡毒，甚至還更惡毒。第三，我第一次結婚。

哈利法克斯的這一年充滿挑戰——以它的方式。在金邊有四間臥室的平房與常駐家事服務員豪華地生活一年後，結果是我現在住在走廊盡頭一個以窗簾隔開、改裝成的「房間」。每次下床時，一不小心就會撞到牆壁。這是我住過最狹窄的房間。更讓我失望的是，那位「親切」的加拿大房東貪婪得不可思議。隨著十一月和十二月冬季來臨，房東為了省錢而拒絕開暖氣。那年十二月，哈利法克斯的氣溫降到攝氏零下十三度。相較之下，一九七四年熱帶新加坡的最低氣溫為攝氏二十三度。幸好我的哲學系同學借我一個睡袋，讓我度過寒冷的夜晚。如果我的手掉出睡袋，馬上就會凍僵。直到今日，我還是無法喜歡寒冷的天氣。幸運的是，我在一月搬了出來，與哲學研究生雷．杜普雷斯（Ray Dupres）合租了一間公寓。

哈利法克斯還給了我其他「冰冷」的回憶。一九七四年九月我抵達時，一些同學告訴我，哈利法克斯周圍的海水仍然很「暖」。他們邀請我去佩姬灣（Peggy's Cove）游泳。我曾在新加坡和地中海（馬賽）游過泳，所以很高興地接受了。由於這個海灣沒有海灘，我們被告知要從碼頭跳入水中。

我照做了。當我的身體一進入水中，立即感受到從未有過的冰冷震撼。我記得自己一落水後就試圖立即跳回碼頭。

這一年的大部分時間，我都沉浸在學習中。做為一名研究生，我在大學圖書館被分配了一間自習室，我花了許多時間在那裡閱讀。我對社會和政治哲學的研究很有啟發性；我發現戴爾豪斯哲學系有一些優秀的教授。

特別幸運的是，馬克思主義的全球頂尖權威之一大衛．布雷布魯克（David Braybrooke）就在該系任教。他曾為《哲學百科全書》（*Encyclopedia of Philosophy*）撰寫有關馬克思主義的文章。該系還有維根斯坦哲學的全球權威史蒂文．伯恩斯（Steven Burns），我們也成為終生的朋友。

布雷布魯克和伯恩斯指導我的論文，我選擇以「共同體的理念：羅爾斯（Rawls）與馬克思（Marx）」做為主題。自人類文明誕生起，哲學家就一直想確定創造美好社會的關鍵原則。在尋找這些原則的過程中，大多數政治哲學家，尤其是西方的政治哲學家，都嘗試了解如何實現自由和平等的主要目標。在我的碩士論文中，我決定把重點放在我可以從這兩位重要的哲學家——卡爾．馬克思（Karl Marx）和約翰．羅爾斯（John Rawls）——身上學到什麼。

對羅爾斯來說，自由遠比其他事物更為重要。他的正義第一原則宣稱，每個人都有權享有一系列基本自由，而這些基本自由必須對所有人都相同。基本自由只有在相互衝突時才會受到限制——例如為了保護社會而監禁罪犯。

絕不能為了更大的社會或經濟利益而侵犯這些基本自由。馬克思對自由的看法較為鬆散。在他的理想社會中，也就是理想的共產主義社會，是由社會調控生產，人們可以自由地做自己想做的事來追求成就，用他的話來說就是可以「早上打獵，下午捕魚，傍晚放牛，晚餐後批評，隨心所欲，不需要成為獵人、漁夫、牧人或批評家」。

他們對平等的看法還更分歧。羅爾斯在他的正義第二原則中宣稱，如果不平等——實際上是更大的不平等——能夠提升社會底層人民的生活水準，它就是合理的。他說：「所有社會價值——自由和機會、收入和財富，以及自尊的社會基礎——都應該平等分配，除非任何或全部這些價值的的不平等分配對所有人都有利。」對照之下，馬克思的觀點則較為理想化。他認為社會的資源分配應該遵循「各盡所能，按需分配」的原則。

在開始寫我的論文前，我希望從羅爾斯那裡獲得更多深刻的見解，因為他被認為是當時美國在世的哲學家中最偉大的一位。我確實從他的經典著作《正義論》（*A Theory of Justice*）中學到了很多東西，而且我經常在自己的著作中引用它們。但在達爾豪斯大學學習的那一年，我逐漸意識到馬克思是一位更偉大的哲學家，他對現代人類境況的見解比任何其他社會和政治哲學家都深刻得多。他也更理想主義。瀏覽一九五六年由波托莫爾（Bottomore）在《卡爾・馬克思：社會學和社會哲學著作精選》（*Karl Marx: Selected Writings in Sociol- ogy and Social Philosophy*）集結的文章，就能看出這一點。在馬克思年輕時期的著作中，他的理想主義確實鼓舞人心。喬治・克里蒙梭（Georges Clemenceau）曾談到他二十二歲的兒子米歇爾（Michel）：「如果他在二十二歲時沒有成為共產黨員，我會與他斷絕關係。如果他三十歲還是共產黨員，那我就這麼做。」年輕時我確實更認同馬克思。然而隨著年齡增長，我開始接受羅爾斯的想法更為現實，更可能持久。

羅爾斯的悲劇在於，儘管他被譽為美國近代最偉大的政治哲學家，但他的思想卻被美國社會排斥。許多年後的一九九一年我在哈佛時見到他本人。如果今日他還健在，他會強烈反對美國社會已經發展出來的金權政治。美國的政治體系深陷困境已不是祕密。但對於這種情況的成因與過程卻缺乏深入的反思。要啟動這種深刻反思的一個簡單方法是，問問美國為何以及如何偏離羅爾斯在《正義論》闡述的理想。回歸羅爾斯的思想，將對美國有大有助益。

馬克思的貢獻沒有得到世界的充分重視，主要是因為西方論述主導了全球論述。正如布雷布魯克告訴我的，馬克思不可避免地與共產主義政權有關聯，特別是蘇聯、東歐和中國。因此，蘇聯政權的失敗往往被視為馬克思做為哲學家的失敗。然而更有深度的西方哲學家，包括傳奇的以撒·伯林（Isaiah Berlin），都讚賞馬克思的貢獻。我也發現馬克思的後期著作如《資本論》（*Das Kapital*）都以晦澀難懂的風格寫成，而他的早期著作如波托莫爾的書中精選的那些文章，則是極其振奮人心和具有開創性。

馬克思的精闢見解之一是「上層結構」和「下層結構」的概念。我們都相信「思想」世界與我們的「物質」世界存在於不同的維度。當然，物質宇宙和思想宇宙是獨立且分離的。但馬克思卻聰明地解釋了我們相信的社會和政治思想是從我們所處的經濟條件產生的。因此，當封建領主占據經濟主導地位時，他們創造出一種社會結構，使農奴認為他們應該是農奴，而不是任何其他角色。但當工業革命發生，經濟權力轉移到工業領主手中時，新的信念隨之出現，一個人的社會地位不是由出生所決定，而是由後來的成就決定的。封建主義的消滅不是透過思想，而是透過物質條件的改變。

馬克思在一八五九年寫下的這個強而有力的見解，在近兩百年後仍然成立。由於西方經濟體在世界占據主導地位，它們創造出一種世界觀來合理化其在世界的權力。它們忽略了一個重大的矛盾：它們以自由主義為名來合理化一種不自由的全球秩序，在其中，占世界人口一二%的西方支配了世界秩序。「民主」社會優於「非民主」社會的原因之一是，理論上，「民主」社會反對「封建主義」，因為封建主義以人的出身而非才能來決定社會地位。然而，舉例來說，在國際貨幣基金（IMF）和世界銀行（World Bank）成立八十年後的今日，西方還堅持主張非西方國家公民不能擔任這兩個機構的管理職位，因此將管理特定機構的「封建」權力據為己有。

我來到達爾豪斯大學自然傾向於走上學術生涯。對我來說，學術生活的主要吸引力在於學術可以過著「純粹」的生活，專注於智識追求而不受「物質」問題困擾。這與我追隨信德人祖先的腳步成為一名商人和推銷員的命運完全相反。

我的這種信念很天真。學術領域與其他領域一樣受到物質和財務的壓力。事實上，它也需要「推銷術」。當我剛被聘任為助教時就發現這一點。剛開始我很享受這份工作。與新加坡學生不同，加拿大學生會在課堂上暢所欲言並進行有挑戰性的討論。我很高興我不必像在新加坡那樣經常面對一群安靜的面孔。然後我收到這些能說善道的學生的第一批論文。這批論文的品質糟透了，充滿文法錯誤。它們都沒有提出明確的論點。我很驚異地發現，新加坡學生的英語書寫程度比加拿大學生高。後來我做了任何誠實的學者都會做的事：當掉他們所有人。

這引起了不小的騷動。教這門課的教授邀請我去他的辦公室。他完全同意我認為論文品質很差的觀點。他完全理解我為什麼要當掉那些學生。但他告訴我，還要考慮其他更大的因素。如果哲學系學生經常被當掉的名聲傳出去，學生自然會紛紛流向宗教系，因為那裡沒有學生會不及格。最後哲學系的學生會愈來愈少。這也意味著這個系的資金會減少。我聽懂了他的意思，並且讓所有的學生都及格。

這並不是我放棄學術界的唯一原因。比較我在金邊充滿刺激的一年和在哈利法克斯平淡無奇的一年，我意識到儘管我熱愛知識的世界，但我必須與「真實」世界保持接觸。坦白說，我也不喜歡繼續在哈利法克斯過著每個月只靠兩百加元勉強度日的「貧窮」生活。說實話，我在哈利法克斯偶爾會感到很沮喪。瑪麗蓮．吉爾文提醒我注意這一點。她收到了我從哈利法克斯寄來的手寫長信，內容讀起來很難過。許多因素導致我的憂鬱。哈利法克斯很冷。我的房間很擁擠。學術界遠沒有我想像的那麼單純。我的理想撞上冷酷、現實的磚牆。

還有另一個實際的理由讓我想回到「真實」世界：我決定結婚。格雷琴．古斯塔夫森（Gretchen Gustafson）和我第一次見面是在一九七一年，她以交換生的身分來到新加坡大學。在機緣巧合下，她加入了我的朋友圈。我們約會了一段時間，然後她回到明尼蘇達州明尼阿波利斯，我們因而失去了連繫。

我在哈利法克斯時，我們重新取得連繫。當時她正在康乃爾大學攻讀碩士學位。我設法去康乃爾探望她，經過幾天的相處，我們決定結婚。做這個決定時，我沒有和任何人商量，只是在結婚前通知我的母親和姊妹。我很確定她們不會同意這樁婚事，因為我沒有娶一名信德人，我母親也不會得到一個盡責、順從的印度教媳婦。然而，由於我對印度傳統的強烈反叛傾向，我知道如果我和一名傳統的印度女性結婚，我將永遠不會快樂。

我身上的錢少得甚至無法搭飛機到明尼阿波利斯參加自己的婚禮，所以格雷琴做了一件真正高貴的事，她獨自開車從明尼阿波利斯到哈利法克斯來接我，路程超過兩千英里。當我們輪流開車返回明尼阿波利斯時，我才知道這段距離有多長。半夜時，我在方向盤上打瞌睡，車子偏離了道路。幸運的是，汽車滑到平坦的土地上，而不是掉進溝裡或撞到任何東西。我們決定把車停在公路旁一條安靜的岔路，然後在車上睡了一夜。

我們安全抵達明尼阿波利斯，在等待結婚期間，我暫住在格雷琴家的地下室。格雷琴的父母亞瑟（Arthur）和瑪麗珍（Mary Jane）是我一生中遇到過最好的人。他們並不富有，亞瑟一輩子都在百貨公司工作。但他們是小康的中產階級，住在一棟有雙車位車庫的獨幢住宅中，享受遠高於我在新加坡的生活水準。

我在第三世界的貧困環境中長大，與格雷琴成長的舒適中產階級環境形成鮮明對比。在當時的一九七〇年代，許多在第三世界長大的人（像我一樣），夢想並渴望移民到遠為富裕的美國社會生活。在第三世界的許多人眼中，我娶了一位美國女人，就像中了彩票。和格雷琴結婚後，我可以輕鬆獲得美國綠卡，甚至是美國公民身分。理性的經濟決定是留在美國。

然而我帶著格雷琴回到第三世界的家。一九七五年格雷琴和我回到新加坡時，我母親已經搬出了我兒時位於奧南路一七九號的家。她用我薪水存下來的錢買了一間四房的建屋發展局公寓（補貼公共住宅），當時我大部分的薪水都給了她。我回到新加坡時，每月賺取的一千五百美元中，仍有約一千美元是給我母親的，這是我盡兒子孝道的責任。格雷琴和我每個月的生活費約五百美元。幸運的是，我母親沒有放棄奧南路的房子，仍以每月一七．六新元（約六美元）出租它。於是格雷琴和我搬進了那裡。

儘管格雷琴和我做了巨大的犧牲，把我薪水的三分之二交給母親，但母親並不高興。依照傳統信德人的習俗，長子結婚後應該把母親帶入他婚後的家庭。可想而知，這可能導致婆媳之間的衝突和緊張。格雷琴和我還買不起自己的房子。我童年的家很擁擠，我們兩個人住在一間臥室的房子裡。如果加上我母親的話，我們的關係將會更加緊繃。我們覺得最好讓我母親繼續住在她那間四房公寓。

我母親很失望，因為在與我父親分居後，她一直夢想搬進她長子婚後的房子。更重要的是，這是她在信德社區的朋友期望她做的事。當這件事沒有發生時，她覺得自己在朋友面前很丟臉。這讓她很不快樂，而且很自然地導致了我們和她的關係變得緊張。我們在處理這個困難的情況時，可憐的格雷琴不得不面對情感和經濟上的雙重煎熬。

儘管我們很難熬，但我很幸運在正值經濟衰退的一九七五年找到一份工作。當時工作機會很稀缺。我的好運要歸功於當時的外交部常任祕書喬治·

博加爾斯（George Bogaars）。一九七四年七月，我完成在柬埔寨的外交任務時，去見了他，告訴他，我將辭去外交部職務（並用我的柬埔寨積蓄還清剩餘的四千五百新元貸款），以便前往戴爾豪斯大學攻讀哲學。由於新加坡政府不鼓勵學習哲學，我想我除了辭職別無選擇。博加爾斯明智地告訴我別這麼做。他特別慷慨地同意給我十二個月的無薪假。更慷慨的是，因為我在外交部工作了三年，他給了我三個月的半薪假期。任何其他常任祕書都不太可能如此慷慨和勇敢，在未徵詢負責管理這類事務的公共服務委員會的情況下，就自行做出這個決定。感謝博加爾斯一瞬間的決定，讓我最後在新加坡外交部總共待了三十三年。

回到奧南路的頭幾個月對我來說特別忙碌，因為在離開達爾豪斯之前我未能完成碩士論文。就在格雷琴和我開車去明尼阿波利斯結婚前，我向布雷布魯克教授提交了初稿。他回我一封很親切的信，祝賀我結婚，然後說他的結婚禮物將是對我論文的一連串「animadversions」。我不得不在字典中查找「animadversion」，才知道它的意思是批評。

我很感激他是一位嚴厲的監督者，並拒絕接受我的論文初稿，雖然這導致我在新加坡辛苦了好幾個月。我在外交部辦公室裡努力工作一整天，然後留下來直到深夜以便完成論文。最終，我完成了它，並為成果感到自豪。

花在這篇論文上的所有心血在幾個方面得到了回報。正式收到碩士學位通知後，我的薪水獲得兩次調升，每次增加五十美元。每月增加的一百美元對格雷琴和我意義重大。更重要的是，我的碩士論文促使當時擔任副總理兼國防部長的吳慶瑞邀請我從吉隆坡的外交崗位返回新加坡，為國防部高級官員和新加坡武裝部隊的學者發表六場馬克思主義講座。我被要求做三次、每次六場的系列講座，因為我要對國防部三批不同的軍官發表演講。不過，我記得最清楚的是第一次的系列講座，因為吳慶瑞博士參加了所有六場演講，並且坐在講堂的前排座位。

第一堂演講時，我幾乎驚慌失措。當我談論馬克思和他的著作時，我看到吳博士坐在椅子上皺著眉頭。我說得愈久，他的眉頭皺得愈緊。我很擔心。第一堂講座後，我向當時的外交部常任祕書謝長福（Chia Cheong Fook）訴說我的憂慮。他很了解吳博士，因為在加入外交部前，他曾在國防部與吳博士共事。他告訴我：「馬凱碩，這是個絕好的消息。如果吳博士皺起眉頭，這表示他正仔細聆聽並欣賞你的觀點。」事實證明謝先生是對的，因為吳博士邀請我回去再做兩輪講座。如果我沒記錯的話，國防部所有後來在政府擔任重要領導職務的頂尖學者（如李顯龍、張志賢、林勛強和楊榮文）都參加了這些講座。

結果，加上我與吳博士兒子的友誼，使我變成吳慶瑞的好朋友。我逐漸了解到他有著聰明絕頂的頭腦。我很喜歡閱讀他的演講內容和文章，因為它們真的很精采，裡面沒有一句廢話（遺憾的是，他的書現在都已絕版）。不過我向來不喜歡聽他演講。他會低頭照著稿子唸，不做任何努力來吸引觀眾。在這方面，他與李光耀完全相反，李光耀會以令人折服的方式發表動人的演說。

從某些方面看，我對馬克思主義的研究讓我與吳慶瑞建立起密切的個人關係，這是很弔詭的，因為他的政黨人民行動黨在與新加坡親共運動進行過殊死鬥爭後，對馬克思主義和共產主義勢力抱持著深切的反感。事實上，在我於國防部發表馬克思主義講座的大約十年後，人民行動黨政府在新加坡逮捕了一批所謂的「馬克思主義者」——這些逮捕在數十年後的新加坡仍然存在政治爭議。我猜想我與吳慶瑞建立的關係更深層次的基礎是來自於他開闊的思想。他是我一生中遇到的最有求知欲的人之一。他喜歡問大問題，這是一個我很樂於效法的習慣。

吳慶瑞既有深遠的智慧，又很務實，這是個不尋常的組合。遺憾的是，今日很少有新加坡的年輕人知道他對新加坡成長和發展的幾乎每個領域所做的卓越貢獻。他在國防（例如引進國民服役）、教育（引進分流教育）[1]、經濟（鼓勵外國直接投資）、減貧（引進務實的社會福利措施）和金融（提議成立新加坡的中央銀行金融管理局，並創立主權財富基金新加坡政府投資公司）等領域都做出了變革性的貢獻。此外，他還發展了裕廊飛禽公園（Jurong Bird Park）、新加坡動物園、新加坡交響樂團等許多公共計畫。他是一位真正博學多才的人。

他也深諳並了解權力。我在一九七〇年代和一九八〇年代認識他時，他顯然是新加坡僅次於李光耀的第二號人物。當吳慶瑞對我評價很高的消息傳開後，這無疑對我的職業生涯大有幫助。在一九八〇年或一九八一年，擔任外交部長的丹那巴南（S. Dhanabalan）把我叫到他辦公室時，我直接確認了這件事。他的開場白是：「馬凱碩，我知道你和吳博士很熟。」然後他要我代表他向吳博士提一個問題。

丹那巴南是我在新加坡政府共事過最勇敢、最獨立的部長之一。他對向吳博士提出問題感到有些畏懼，這證實了吳博士是一位極具權力和支配力的人物。這種權力和地位使吳博士得以在必要時做出強力和激進的改革。他對新加坡的成長、發展和成功的貢獻，與李光耀同樣重要。令人震驚的是，在他卸任後，他的貢獻很快就被人們遺忘了。

—

1 把中學生編入不同課程的做法，以適應學生不同的學習速度。

為什麼會這樣？答案很複雜。與所有社會一樣，新加坡也有政治權謀。沒有一個社會能免於政治權謀。然而與大多數其他社會不同，新加坡的政治權謀並不顯露在外。表面上一切似乎平靜而穩定，表面之下卻是漩渦和橫流。儘管李光耀和吳慶瑞之間可能從他們年輕時就一直存在分歧，但兩人很尊重彼此，並為了新加坡的利益而密切合作。如果沒有這種非凡的夥伴關係，新加坡不可能取得今日的成功。

然而，儘管這件事未被公眾知道或討論，但在一九八四年十二月三日吳博士離開內閣後，這兩個人就漸行漸遠。吳慶瑞留在金融管理局擔任副主席直到一九九二年。他在擔任這個職位期間，曾到紐約探訪我，當時我是駐聯合國大使。我們會私下單獨共進午餐，他會隱晦地暗示他與李光耀的分歧，有時還拿李先生開玩笑。例如他曾說：「馬凱碩，如果李光耀能長生不老，新加坡就不會有任何問題。可惜，他是凡人。」語氣中透著一絲懷疑。有時候吳博士會更直接些。他曾說；「馬凱碩，你知道李光耀的問題是什麼嗎？他認為自己就是這座莊園的主人。」

李光耀和吳慶瑞之間的分歧從未被完全公開揭露或討論過，而且部分新加坡人可能會對這種揭露感到不安。但新加坡應該對自己的歷史和成就抱有足夠的勇氣與自信，承認並非所有人都能始終意見一致。如果新加坡人發現他們的過去被刻意抹去了所有內部衝突和紛擾，他們可能會對自己的歷史失去信心。這將是很可惜的事，因為新加坡的真實歷史是獨一無二的。一群極其堅強且能幹、各具不同才能和心智習性的人，卻能夠長期相互合作。

美國得以崛起成為一個強大國家，一個關鍵原因是，大多數美國人無論其政治信念如何，都對他們的開國元勳深感自豪，這些開國元勳都擁有堅強而獨立的個性。美國的歷史並沒有掩飾他們之間的差異。美國人感到自豪的是，這些有著巨大差異的強人能夠如此有效地合作。新加坡的開國元勳與美國的開國元勳一樣傑出，甚至可能更傑出。如果他們的優點與缺點能完整且真實地被呈現出來，新加坡人將對他們的國家產生更大的驕傲感和責任感。我希望在我有生之年，有人能寫出這樣不加修飾的新加坡歷史。我的這些回憶目，旨在幫助這個過程。

無論政府高層內部的關係如何緊張，吳博士在我政府職涯早期傳達了支持我的強烈訊號，對我無疑是一個助力。儘管我還年輕、資歷淺（而且很窮），但很多人都密切關注我。我記得當時的司法部長埃迪·巴克（Eddie Barker）數度邀請我共進午餐，讓我深感榮幸，當時我們的辦公室都在政府大廈。埃迪一直擔任律政部長直到一九八八年。我們會步行穿過政府大廈大草場，在新加坡娛樂俱樂部（Singapore Recreation Club）吃午餐，該俱樂部長期被視為新加坡歐亞社交生活的中心。午餐時我們偶爾會喝一、兩杯啤酒。然後我們會快速打一場撞球，再走回辦公室。

埃迪·巴克是新加坡的開國元勛之一。他祕密起草了一些讓新加坡從馬來西亞分離的文件。顯然他受到李光耀、吳慶瑞和拉惹勒南的信任和尊敬。儘管埃迪·巴克有崇高的政治地位，他是個輕鬆、隨和、沒有架子的人。與李光耀和吳慶瑞不同，他沒有令人生畏的氣勢。相反地，他喜歡開玩笑。我總是很享受和他共度的時光。

回顧我在一九七〇年代的這個人生階段，當時二十多歲和三十出頭的我，能有機會與國家的主要領導人如此頻繁地互動，確實很不可思議。這真是令我受寵若驚。這提升了我的自信心。不過坦白說，這可能也讓我有些自大，導致一些外交部同事對我產生了批評。

第六章——吉隆坡

我清楚地記得當我被告知將被分派到吉隆坡時，喜憂參半的心情。我知道自己將面對的是身體上的舒適和政治上的不舒適。

身體上的舒適是我們的財務狀況將顯著改善。我們從奧南路的單臥室平房（租金為一七．六新元，相當於當時的六美元）搬到吉隆坡的一棟外交官邸，那是一棟有四間臥室的兩層樓房子，附帶一個大花園，位於最好的區段之一。在吉隆坡，我們有住家幫傭，甚至還養了一隻狗。狗很有用，它會追趕想從後院空地進入我們房子的蛇。

除了薪水，我還獲得一筆生活津貼。格雷琴和我在每月寄給母親一千美元後，終於有足夠的錢過日子。這種財務安全感讓我們鬆了一口氣。我還有娛樂津貼，我們常在家裡舉辦晚宴。我們最難忘的一次晚宴，我倒寧可忘記。有一天，格雷琴和我決定邀請所有我認識在吉隆坡的新加坡大學畢業生和他們的配偶，應該有二、三十對夫婦。在每對夫婦離開時，我（愚蠢地）建議我們乾最後一杯威士忌。客人離開後，我一定已經乾了十五至二十杯威士忌。那天晚上發生的事，我記得很清楚。上床幾個小時後，我醒來，在廁所裡吐了幾個小時。我的身體無法承受我喝下的所有酒精。之後我不舒服了好幾天。這件事給了我一個寶貴的教訓，從此再也沒發生過這種事。

政治上的不舒適來自馬來西亞和新加坡之間的緊張關係。我們兩國就像一對結了婚的夫婦，在一起生活了兩年（一九六三年至一九六五年），直到貌合神離，然後是痛苦的分居和離婚。但在分手後，他們繼續住在同一個家裡，彼此相依。這個類比解釋了馬來西亞和新加坡之間持續的矛盾關係。

在這種情況下，由一個典型的強勢新加坡人擔任駐吉隆坡高級專員（high commissioner）將是錯誤的選擇。我們需要的是一個溫和的人，更重要的是，一個馬來西亞領導人所熟知、喜愛和尊重的人。我當時的上司，黃金輝（Wee Kim Wee）高級專員，符合所有這些條件。他和他的妻子許淑香（Koh Sok Hiong）都是土生華人，在家裡說馬來語，這對他很有幫助。更重要的是，在來吉隆坡之前，黃金輝一直擔任記者，而不是政府官員。他與一些馬來西亞領導人建立了密切的友誼，這在他被派駐吉隆坡時很有助益。由於在他家參加了幾次與馬來西亞領導人和官員的晚宴，我得以親眼目睹他是多麼受歡迎。

由於我與吉隆坡的高層領導人沒有建立多少關係，所以我的經歷正好相反：我遭遇馬來西亞建制派對新加坡持續的懷疑和敵意。我發現馬來人官員覺得沒有必要公開表達他們對新加坡的厭惡。相較之下，由於華裔和印度裔官員想展現他們對馬來西亞的忠誠，所以在我會見他們時，他們會對新加坡大肆批評。但儘管有懷疑和敵意，大多數馬來西亞人還是熱情而尊重地對待我。

我在吉隆坡的許多朋友，紓解了一些馬來西亞官員對我的刁難。他們是我在新加坡大學的馬來西亞同學，大多數修讀法律，並在吉隆坡從事法律工作。他們熱情地歡迎格雷琴和我來到吉隆坡。

在吉隆坡，我再度發現（就像在金邊一樣）酒精在外交上有神奇的效果。基於馬來西亞人對新加坡外交官的懷疑，不難想見的是他們不會與我公開談論馬來西亞的國內政治。但即使在一九五七年八月三十一日吉隆坡宣布獨立的二十年後，英國外交官仍受到馬來西亞當局的高度重視。包括馬來西亞王室在內的馬來西亞菁英繼續送孩子到英國留學。因此，英國外交官受到馬來西亞高層的熱烈歡迎。他們聽到的政治八卦比我還多。

由於地理上的巧合，英國高級專員公署位於白沙羅（Damansara），離我們家不遠。結果證明這是一大幸事，因為我認識了一位英國外交官提摩西．吉（Timothy Gee），並發現我們都熱愛威士忌。每週一次，他會在晚餐前順道來我家喝一、兩杯，或三杯。從他那裡，我會聽到馬來西亞高層人物告訴他的精采故事。藉由這種方式，我才得以了解馬來西亞政治的最新動態。

駐吉隆坡的美國外交官也同樣開放且樂於助人。其中弗蘭克．班尼特（Frank Bennett）和喬．斯奈德（Joe Snyder）兩人成為我終身的朋友，幾年後的一九八二年，在我派駐華盛頓特區後，仍舊與他們保持連繫（弗蘭克後來在華盛頓特區介紹我認識我的妻子安妮．格雷琴）。新加坡在冷戰期間基本上站在美國這邊，所以這件事對我有所助益。當然，我娶了美國人格雷琴，這確實是一大幸事。當時的美國駐吉隆坡大使羅伯特．霍普金斯．米勒（Robert Hopkins Miller）很喜歡我和格雷琴，經常邀請我們去他家作客。對一位初級外交官來說，這實在是一種殊榮。經常出現在美國大使家中，對我們很有幫助。

我從美國外交官那裡學到很多有關外交的形式和實質的知識。米勒大使是一位很親切的東道主。弗蘭克．班尼特和喬．斯奈德很有效率，並且很了解馬來西亞。我在金邊和吉隆坡一些最好的外交導師都是美國人。然而幾十年後，美國外交部顯然已變得士氣低落，效率也大打折扣。顯然是出了什麼問題。除非美國的領導人強力干預，否則美國的外交品質將持續下降。目睹美國外交部門的士氣和精神持續惡化，真是悲慘。

一九七四年五月三十一日，馬來西亞成為第一個與中國建交的東南亞國協（ASEAN）國家。於是中國大使館於一九七五年在吉隆坡設立。[1] 雖然在離開吉隆坡四十四年後，我仍然能夠鮮明且深刻地回想起我與美國外交官在那裡的經歷，但我對當時與中國外交官的任何接觸卻毫無記憶。我可能在外交宴會上見過他們，但我不記得有過這類會面。我可能也避免會見他們，因為在一九七〇年代，他們的前口袋還揣著毛澤東的毛語錄，並且不時會拿出來背誦。時代已經改變：二〇二三年到吉隆坡報到的年輕新加坡外交官，將在中國大使館遇到許多訓練有素的外交官。中國對馬來西亞的影響力已明顯變得更加重要。

外交不僅僅關乎個人關係，雖然良好的個人關係很重要，就像我在吉隆坡與英國和美國外交官建立的關係很重要。外交也顯示哪些國家有影響力、哪些國家沒有影響力。當外交官參加另一個大使館的國慶招待會時，他們會環顧四周，計算有多少地方當局的高級官員出席。我在吉隆坡時，美國大使

---

1 *Directory of Officials of the People's Republic of China*, April 1975, p. 142, https://books.google.com.sg/books?id=hShUPtnVz5gC&pg=PA142.

館的獨立日國慶招待會總是有最耀眼的出席陣容。而現在，據我所知，中國大使館的招待會經常吸引更多人潮。

除了目睹更大的地緣政治趨勢，我在那裡還看到馬來西亞重大的國內政治轉型。在馬來西亞獨立的頭十五年，政治舞臺由兩位重要的政治人物主導：東姑・阿布都拉曼（Tunku Abdul Rahman；一九五七年到一九七〇年擔任首相）和敦阿都・拉薩（Tun Abdul Razak；一九七〇年到一九七六年擔任首相）。兩人都是有權勢的政治人物。不幸的是，敦阿都・拉薩五十四歲就英年早逝。他的繼任者是他的連襟，副首相胡先翁（Tun Hussein Onn）。胡先翁非常平易近人，他既不渴望權力，也不是天生的政治人物。他接任首相主要是出於責任感。他被視為一個過渡人物。

胡先翁一九七六年接任首相後，必須挑選一個人來接替他擔任副首相。在三位符合資格的候選人中，新加坡最擔心的一位是馬哈迪・穆罕默德（Mahathir Mohamed）。在新加坡併入馬來西亞的一九六三年至一九六五年期間，李光耀和馬哈迪在馬來西亞國會曾發生激烈爭論。兩人都是很強勢的演說家，他們在言詞上針鋒相對，相互打擊。眾所周知，他們彼此心懷強烈的憎惡。對新加坡來說，最糟的選擇是馬哈迪，但胡先翁選了他。顯然，如果馬哈迪接替胡先翁出任首相，就必須採取行動來修復兩人之間的關係。

黃金輝成功地進行了一場巧妙的外交斡旋。他說服李光耀到他位於吉隆坡的住宅參加與馬哈迪的小型晚宴。我在場擔任記錄員。李光耀由拉惹勒南陪同，馬哈迪則是由馬來西亞高級公務員薩因・亞茲拉伊（Zain Azraai）陪同（亞茲拉伊後來出任馬來西亞駐聯合國大使，我在一九八四年至一九八九年期間於紐約服務時曾與他共事）。

這原本可能是個充滿憂慮和緊張的夜晚。然而，晚宴進行得很順利。李光耀決定充分施展自己的魅力，對馬哈迪表現得既熱情又親切。馬哈迪對這個善意做出積極回應。晚宴結束後，兩人並沒有成為朋友，但這次親切的會面為馬哈迪自一九八一年開始擔任馬來西亞首相的頭十年，奠定了兩人融洽合作關係的基礎。

我在吉隆坡的三年裡，新加坡和馬來西亞之間的關係仍然充滿挑戰，但也很穩定。儘管如此，我還是不時需要應對一些突發事件。有一次，當時擔任馬來西亞外交部副祕書長的丹蘇里哈林姆阿里（Tan Sri Halim Ali），邀我到他辦公室。他遞給我一份稱為第三方照會（TPN）的外交溝通文件。這份照會可能是馬來西亞歷來向新加坡遞交的最重要文件之一，它通知新加坡，馬來西亞即將公開宣布，由新加坡管理的白礁島（Pedra Branca）隸屬於馬來西亞。沒有一個國家會自願放棄其領土，但馬來西亞卻要求新加坡這麼做。這個動作最不友善的是，馬來西亞的土地總面積有三三〇、八〇三平方公里，而新加坡只有七二九平方公里。換句話說，馬來西亞幾乎是新加坡的五百倍大。任何豪宅主人如果宣稱擁有鄰居小茅屋的土地，顯然不會是慷慨和善心的。

一九七九年十二月二十一日，馬來西亞發布一幅新地圖《馬來西亞領海和大陸架邊界》，進一步強化這個主張，這幅地圖把白礁島劃入馬來西亞領海範圍。這引發了有關該島歸屬的激烈爭議。一九八〇年二月十四日，新加坡正式向馬來西亞發出抗議，透過外交照會要求更正該地圖。由於一九八九年六月和七月馬來西亞皇家海事警察（RMMP）的船隻進入白礁島附近海域，其中包括七月一日到十二日期間多艘ＲＭＭＰ船隻輪流停泊或靠近該島海域航行，[2]使得馬來西亞和新加坡一度因為這個問題而差點爆發衝突。理論上，新加坡應該行使其主權，強行驅離那些船隻，但這種作為顯然將導致戰爭。相反地，新加坡明智地做出克制的反應。

白礁島的爭端最後在一九九四年九月解決，馬來西亞和新加坡決定將此案提交國際法院（ＩＣＪ）。如果印度和巴基斯坦、中國和日本、希臘和土耳其等其他存在領土爭議的國家也將這些爭端提交國際法院，世界會變得更美好。遺憾的是，很少國家這麼做。不過，馬來西亞可能還有一個額外的「祕密」誘因願意把白礁島爭議交給國際法院。它希望以此案做為先例，說服印尼把西巴丹島（Sipadan）和利加丹島（Ligatan）的領土爭議交給國際法院。

---

2 International Court of Justice, "Case Concerning Sovereignty over Pedra Branca/Pulau Batu Puteh, Middle Rocks and South Ledge (Malaysia /Singapore)," March 25, 2004, www.icj-cij.org/public/files/case-related/130/130-20040325-WRI-02-06-EN.pdf.

最終，對馬來西亞來說很幸運的是，印尼同意這麼做。

但所有這些事情的發展都在很久以後才發生。國際法院在二〇〇八年五月二十三就白礁島案做出判決，距離丹蘇里哈林姆阿里把第三方照會交給我已經快三十年了。顯然馬來西亞對新加坡控制的島嶼提出主權要求，是針對新加坡的一種「敵對」行為。但不管是在他遞交第三方照會時，或是在我們後來的會面中，哈林姆阿里從未表現出敵意。相反地，他總是彬彬有禮，態度友善。我們成了好朋友，他甚至邀請我參加在吉打（Kedah）舉行的一場家族婚禮。

顯然，哈林姆阿里把我當作親密朋友，多年來其他馬來西亞外交官也是如此。在外交這個行業，代表不同國家的外交官之間建立私人友誼被視為禁忌。由於外交官應該把自己國家的利益置於所有其他利益（當然包括朋友的利益）之上，所以他們被明確告知不應該和其他國家的外交官過於親近。

外交官被警告要注意一種特定的威脅：「當地情結」（localitis）的危險。被批評有當地情結的外交官往往被認為對駐在地過於友好。結果是他未能以超然的觀點，客觀分析東道國的優點和缺點，而是被東道國的觀點所「誘惑」，成為東道國觀點的回聲室。在外交實務中，被批評有當地情結可能是很嚴重的指控。

在我受邀到總統府（Istana；新加坡總統的官邸和辦公室）為內閣會議室舉行的小型私人會議做紀錄時，親身體驗了當地情結的危險性。會議桌的一側坐著當時的總理李光耀、外交部長拉惹勒南，以及外交部常任祕書謝長福。桌子的另一側坐著我們的一位大使和我。當然，我已聽說李光耀批評官員的過失時可能會很粗暴。儘管如此，在他指責這位大使的當地情結時，我對他的嚴厲程度還是很震驚。這個人是我們最資深的大使之一。當李先生發動攻擊時，拉惹勒南的手指在顫抖，而遭到攻擊的大使也明顯在發抖。會議結束後，我完全理解為什麼李先生如此令人畏懼。當他覺得必須捍衛新加坡的國家利益時，他會毫不留情。在那場會議後，我經常想，我是不是承受得了那樣的重擊。

儘管外交官間的私誼不被鼓勵，但那是與誠實、樂於助人、友好的同業頻繁互動的自然結果。我一生結識的一些最好的朋友是來自其他國家的外交官。此外，我多年來建立的個人友誼為我帶來一些重大的外交成就。因此，儘管我在吉隆坡期間，馬來西亞與新加坡的關係緊張，有時候甚至是激烈爭議，但我與馬來西亞的外交官相處融洽。

就我個人而言，格雷琴和我在吉隆坡也很享受愉快的社交生活。我們被邀請參加許多宴會和聚會。我們也嘗試在那裡生育兒女，但完全失敗了。我們確實經歷了一場真正的悲劇。先是格雷琴兩度流產。第三次懷孕似乎很順利，胎兒已經足月。隨著生產日期接近，我們兩人都感到愈來愈興奮。我們在吉隆坡享有絕佳的醫療照護，格雷琴的婦產科醫生麥考伊醫生（Dr McCoy）是最優秀的醫生之一。

隨著預產期接近，他告訴我們，他將確定一個引產的日期。在預定日期的前一天，他打電話叫我到他的辦公室，告訴我一個令人心碎的消息。他說第二天要生產的孩子將活不了多久。他患有一種被稱為無腦畸形（anencephaly）的疾病，這意味他的大腦暴露在外，沒有頭骨覆蓋它。這個嬰兒只能存活幾天。但麥考伊醫生強調，我不能告訴格雷琴這個壞消息。為了確保她在分娩過程中保持良好的精神狀態，他認為讓她相信自己將生下一個健康的嬰兒很重要。

我從麥考伊醫生那裡收到這個壞消息後的二十四小時，是我人生中最艱難的時刻之一。支持格雷琴度過陣痛和分娩也同樣困難。正如我對麥考伊醫生的承諾，當格雷琴用盡全力生出嬰兒時，我假裝欣喜和高興。嬰兒的頭先出現。我可以看到暴露的大腦。那確實是我看到這個嬰兒的第一眼。直到生產結束後，我們才能告訴格雷琴這個消息。她悲痛欲絕。我也是。我人生中很少有像那樣艱難的時刻。

這件事還有另一個讓我難過的地方。事情發生幾年後，我得知高級專員公署的一些工作人員曾慶祝過我們所遭受的這場悲劇。我在吉隆坡的時候對此一無所知。我對這個發現感到震驚，並問自己到底做了什麼才會讓同事如此疏遠我。我對他們不好嗎？是我野心太大嗎？我在職涯早期的相對成功是否招來嫉妒？由於我是在幾年後才發現這件事，我沒有機會去找出究竟是什麼讓他們如此不高興。

我能想到一件事讓他們可能對我不滿。包括我在內的吉隆坡所有工作人員，享有一個福利是，每週一次，我們當中有一個人會搭機往返新加坡，攜帶裝著所有敏感文件和報告的外交包。這是一個不錯的福利。我們可以回新加坡探望家人，並獲得一小筆出差津貼。由於有六至八名工作人員，所以我們每個人每六至八週可以回家一次——直到吳慶瑞介入。

當他邀請我去新加坡國防部講授馬克思主義時，他必須安排我飛往新加坡的航班。國防部應該支付這些機票費用，然而吳慶瑞一如既往地節儉，他告訴外交部把我列為每週一次的快遞差旅以節省費用。由於我做了三次各六堂的講座，這等於是我從同事那裡搶占了十八次快遞差旅機會。某種程度上，我能理解他們為什麼會生氣和怨恨。儘管如此，由於我無法影響這個決定，我很難想像這就是他們如此怨恨我的原因。

吳慶瑞的節儉是出於他的性格。儘管他出身中產階級家庭，收入也不錯，但他的節儉卻是出了名的。他出國旅行時從來不送洗內衣，而是每天晚上在旅館房間自己洗。即使在我很窮的時候，我也沒這麼做。

吳慶瑞的節儉有助於解釋新加坡所實現的最非凡奇蹟之一。對一個沒有自然資源而且土地面積如此小的國家來說，新加坡的金融儲備非比尋常地名列世界前茅。總儲備金額是一個祕密，可能是因為如果公布實際金額會震驚所有人。除了李光耀，我們的領導人都沒有談論過我們的儲備規模。李光耀在二〇〇一年擔任國務資政時表示，我們有超過一千億美元投資在世界各地。他說，新加坡龐大的外匯儲備會讓投機客在攻擊新元時三思。[3]

新加坡的金融儲備放在三大資金池中：新加坡中央銀行金融管理局的儲備、新加坡政府擁有的全球投資公司淡馬錫控股（Temasek Holdings）的資產，以及新加坡主權財富基金新加坡政府投資公司（GIC）。金融管理局和淡馬錫的儲備眾所周知：它們在二〇二三年一月和二〇二二年三月的儲備分

3 "SM Lee: Strong Reserves Will Deter Currency Raiders," *Business Times*, January 13, 2001.

別是二九一〇億美元和二九九〇億美元。雖然新加坡政府投資公司的儲備從未披露，但研究機構 Global SWF 估計該公司管理著六九〇〇億美元的資產。三者的總額達到一・二八兆美元。如果把這些錢分給三五〇萬名新加坡公民，每位公民「擁有」的淨資產將在三六五七〇〇美元左右。以歐盟為例，歐盟富裕成員國的金額都沒有達到這個規模。相反地，它們背負巨額債務。吳慶瑞鄙視債務並相信儲蓄。新加坡的非凡成功，在很大程度上歸功於吳慶瑞管理財務資產時注入的節儉和紀律價值觀。因此，雖然他不支付我從吉隆坡往返新加坡機票的節儉可能導致我在吉隆坡的同事憎惡我，我仍然很高興他的價值觀造就新加坡成為一個非凡的成功故事。

遺憾的是，我派駐吉隆坡的結局很糟糕。在外交任期結束時，每位即將離任的新加坡外交官都要撰寫一份「告別報告」，從各方面反思任期內的情況，並強調汲取的經驗教訓，特別是有關東道國及其與新加坡雙邊關係的心得。我們被鼓勵在這些報告中保持坦誠和開放。但我可能有點太坦誠了。

我的告別報告清楚而直白地陳述了我們雙邊關係的冷酷事實：儘管馬來

西亞—新加坡的關係表面上有所改善，但兩國間的根本敵意和猜疑並未消散。我提供了證據和例子來支持我的論點。當我坦率地寫下真實關係有多糟時，我並無意與高級專員黃金輝敵對，我以為我和他已經建立良好的關係。我犯的錯誤可能是沒有在我的告別報告中明確指出，儘管他的工作很出色，但這些糟糕的關係仍在持續。

總之，他對我的報告很不滿。在沒有告知我的情況下，他針對我的分析寫了一些強烈反駁。幾個月後，當時擔任外交部常任祕書的塞拉潘．納丹（S. R. Nathan）給我看相關文件時，我才知道這件事。黃金輝的反駁包含對我的強烈批評，很有可能傷害我的職業生涯。但出於某種原因，這種情況並未發生。良善的力量保護著我。我猜想其中之一是吳慶瑞，還有當時外交部的兩位部長拉惹勒南先生和丹那巴南先生。一九七九年九月我回到外交部後，與這兩位部長相處了很長一段時間。

雖然我在本章中強調吉隆坡和新加坡間的重大政治分歧，但對本書的外國讀者來說，了解吉隆坡和新加坡是姊妹城市也很重要。在社會和文化方面，它們非常相似。在新加坡，我在一個包含華人、馬來人和印度人的社會中自由互動。在吉隆坡，我也同樣如此。

我們也擁有共同的英國殖民遺產。儘管馬來西亞已改用馬來語做為國語，但吉隆坡的菁英仍然慣用英語。事實上，馬來穆斯林菁英往往比馬來西亞社會中的其他人更英國化，因為他們通常送孩子到英國寄宿學校或大學學習。這就是英國外交官提摩西．吉在吉隆坡如此受歡迎的原因。

我們的菜餚也很相似。我們都很喜歡在街邊小攤享用混合了中國、印度和馬來風味的食物（如沙嗲或椰漿飯）。一九九〇年代中期，當時的新加坡總理吳作棟（Goh Chok Tong，華裔）訪問吉隆坡並入住官方賓館卡爾科薩酒店（Carcosa）時，總管家（馬來裔）問他第二天的早餐想吃什麼。當吳總理要求提供多薩（thosai，一種南印度早餐菜餚）時，管家感到很驚訝，因為這道菜在吉隆坡十五碑區（Brickfields）很受歡迎。

歷史也告訴我們，社會和文化的相似無法阻止政治關係的失調。印度和巴基斯坦社會在美食、文化和民族傳統方面很相似。就像新加坡和馬來西亞一樣，它們曾經是同一個國家的一部分。印度最受喜愛的歌手是穆罕默德・拉斐（Mohammed Rafi），我在寫下這些文字時還一邊聽著他的音樂。然而，他成長於現在隸屬巴基斯坦的拉合爾（Lahore）。當印度人和巴基斯坦人個人出國旅行時，他們會讚揚彼此的相似處。但在分治七十六年後，兩國的政治和經濟關係完全失調。

相較之下，儘管馬來西亞和新加坡在五十九年前的一九六五年經歷痛苦的分離，它們現在擁有基本上功能正常的關係。多年來雙方領導人都努力使雙邊關係保持相當程度的冷靜和理性。我希望能以微薄的力量為改善這種雙邊關係做出貢獻，因為這是新加坡最重要的雙邊關係。我在吉隆坡的三年雖然經歷了個人的艱辛，但在外交方面的收獲卻是成果豐碩。友誼真正的考驗是時間的流逝，四十四年前我離開吉隆坡，但我在那裡建立的許多友誼依然存在。

第七章——二十世紀的羅馬

一九七九年八月到一九八二年二月，我的工作地點在新加坡。這一次，格雷琴和我的生活變得比較舒適了，因為外交部提供員工宿舍給我們，而格雷琴也在《海峽時報》擔任新聞記者。沒有了我們在一九七五年至一九七六年所經歷的壓力和貧窮負擔後，回到新加坡生活真的很愉快。另一方面，我開始第一次接觸多邊外交，而這個領域最終成為我外交生涯的重要部分。

一九七九年九月我訪問古巴，參加不結盟運動的第六次高峰會，這是一個代表開發中國家利益的國際組織。就我個人而言，我很高興能訪問古巴。雖然卡斯楚（Fidel Castro）和古巴都受到美國政府的醜化，而且美國政府一直在推行孤立古巴的政策，但我欽佩卡斯楚對抗美國的能力。卡斯楚本身在許多第三世界國家受到歡迎，但許多國家並不完全認同他的國內或外交政策，特別是他與蘇聯緊密的結盟。儘管如此，他抵抗美國壓力的能力在較小的後殖民國家受到廣泛的稱許。

對新加坡代表團來說，卡斯楚與莫斯科的緊密關係是我們主要的問題。我們在古巴的主要任務是保護赤柬使節團在不結盟運動中的席位，雖然赤柬政府已在一九七九年一月七日被入侵的越南軍隊逐出柬埔寨首都金邊。由於越南的入侵違反國際法，聯合國繼續承認由波布（Pol Pot）領導的前赤柬政府為柬埔寨的合法政府。然而，越南扶持的韓桑林（Heng Samrin）「傀儡」政府在金邊享有實際的權力。我們在哈瓦那辯論的一個大問題是，哪個政府應該在不結盟運動會議上占有柬埔寨的席位。毫無疑問地，波布和赤柬政府在道德上令人憎惡，但會議中爭論的不是道德問題，而是誰應該在國際論壇上代表柬埔寨的法律問題。

理論上，應該是由赤柬政府代表柬埔寨，因為聯合國仍然承認它是合法政府。這應該是個黑白分明的案件。然而，古巴準備不遺餘力地捍衛其盟友蘇聯和越南的利益，甚至不惜違反程序規則。卡斯楚先是嘗試討好我們。他的哥哥拉蒙（Ramón）邀請我們參觀他的養牛場，受過美國教育的央行總裁則設宴款待我們。當這些努力無法奏效時，卡斯楚試圖恫嚇我們。

他的第一個「流氓」招式是把赤柬代表團安置在距離會議中心很遠的旅館，而不像我們其他人一樣住在附近。當不結盟運動內部開始辯論時，各成員國對誰應該代表柬埔寨的問題明顯意見分歧，雖然大多數人支持赤柬擁有「法律上」的權力。不結盟運動並非以投票來做決定。如果是投票的話，我們就會贏得這場辯論。但決定是藉由達成「共識」做出來的，而且由會議主席決定共識是什麼。這給了古巴主席巨大的獨斷權力，而卡斯楚則充分利用它。

由於全體成員國未能達成共識，卡斯楚決定召集一個包含較少國家的小組，稱之為「小型非正式協商小組」。卡斯楚巧妙地安排這個小組由大多數親蘇聯國家組成，其中只有兩個成員——新加坡和斯里蘭卡——是非蘇聯集團國家。

卡斯楚在晚餐前親自把小組成員聚集在一個小房間裡，以便進行「非正式磋商」，這樣我們就不得不空著肚子工作。蘇聯集團成員由它們的國家元首或政府首長代表，伊拉克的海珊（Saddam Hussein）、敘利亞的阿薩德（Hafez al-Assad）和巴勒斯坦的阿拉法特（Yasser Arafat）等親蘇聯集團的長期成員國元首都在場，形成一股咄咄逼人的氣勢。我們的代表團由外交部長拉惹勒南率領，而不是國家元首。房間裡的整個氣圍都是為了威嚇兩個非親蘇聯的成員國——斯里蘭卡和新加坡。

我在房間裡，感受到威嚇。斯里蘭卡代表顯然惴惴不安。令人驚訝的是，拉惹勒南鎮定自若。雖然這些安排的目的是要讓他像被牽進獅籠等著被屠殺的羔羊，拉惹勒南還是單槍匹馬地強烈反擊卡斯楚和房間裡的其他親蘇聯暴徒。這是我見過最鼓舞人心的事情之一。根據賈蘇德山（T. Jasudesan）大使的回憶，拉惹勒南在那次古巴會議的全體會議上又一次發表令人動容的演說，當時全場靜肅得連一根針掉在地上的聲音都聽得見。古巴官員拒絕給他發言的機會，最後在新加坡代表團的不斷糾纏下，才給他一個深夜的發言時段。

每當我在多邊小組會議上遭遇類似的情況時，哈瓦那的經驗都讓我受益無窮，雖然沒有一次會議像那次一樣令人畏懼。

會議結束時，主席卡斯楚必須宣布達成的「共識」。雖然拉惹勒南奮戰不懈，卡斯楚還是宣布達成暫停赤柬代表團法律地位的共識。在做出決定前，柬埔寨的席位將保持空缺。拉惹勒南再次強烈抗議。那次之後，我終於明白為什麼拉惹勒南被稱為「新加坡之獅」。

理論上，卡斯楚為蘇聯集團和越南贏得了政治勝利，實際上卻是輸了。有九十三個國家參加一九七九年的不結盟運動高峰會。不結盟運動成員國占聯合國大會成員國的多數，而當年聯合國大會有一百五十二個成員國。既然不結盟運動高峰會一致決定暫停赤柬政府在不結盟運動中的席位，這些國家也應該投票決定暫停赤柬政府在聯合國大會的席位。然而，由於卡斯楚違背許多不結盟運動成員的明確意願，強行做出這個決定，大多數不結盟運動成員國投票決定保留赤柬代表柬埔寨在聯合國大會的地位，因為越南入侵柬埔寨違反了國際法。總之，拉惹勒南的激烈抵抗得到了回報，並給了我寶貴的人生教訓，讓我明白了即使面對逆境也要繼續戰鬥的重要性。

在古巴舉行的不結盟運動會議上帶給我啟示的另一位外交部長是埃及外交部長穆薩（Amr Moussa），他也面臨著同樣艱巨的挑戰。他的總統沙達特（Anwar Sadat）簽署了促成埃及與以色列建立外交關係的《大衛營協議》（Camp David Accords）。特別是阿拉伯國家的伊斯蘭世界，普遍認為這是對巴勒斯坦人的背叛，因為以色列占領其領土，使巴勒斯坦人蒙受苦難。穆薩完全處於劣勢。據我所知，沒有其他代表團嘗試為穆薩辯護，因為以色列在不結盟運動中沒有朋友。儘管困難重重，穆薩仍然堅持戰鬥，為勇氣提供了另一個範例。歷史證明沙達特與以色列關係正常化的決定是正確的，因為幾個曾經抨擊穆薩的阿拉伯國家隨後也與以色列建立了外交關係。現在有五個阿拉伯國家與以色列關係正常化，包括約旦、阿拉伯聯合大公國、巴林和摩洛哥。蘇丹也同意這麼做。

新加坡代表團從古巴飛往紐約，我在那裡參加了一九七九年九月至十二月舉行的聯合國大會。在這裡，我第一次體驗到我們駐聯合國大使許通美的多邊外交技巧。他在聯合國圈子裡非常受歡迎，無怪乎他能獲得壓倒性的支持，在一九八〇年取代阿米拉辛哈（Hamilton Shirley Amerasinghe）大使，擔任海洋法會議主席。所有在一九七九年參加聯合國大會的新加坡代表團成員，都對許通美讚許有加。由於我沒有意識到多邊外交的職涯正在等著我，我必須承認我很少關注聯合國的會議進程。我只是對來到紐約感到高興和興奮。幸運的是，格雷琴能與我同行。我們住在她朋友的公寓以節省開支。

離開紐約後，格雷琴和我回到新加坡，開始我們的「本國派駐」。當時外交部仍設在政府大廈，而在外交部上班的樂趣之一是我們每週都會收到《紐約時報》。這份報紙很難在新加坡的報攤找到，而且很昂貴。由於《紐約時報》當時經營得很好，有許多廣告，每份報紙都很厚，一週的報紙疊起來至少有十二英寸厚，有很多張紙。當時我們每週工作五天半，包括週六早上。每週六下午我都會帶回一週分量的《紐約時報》。有一個週六，我步行到位於政府大廈和最高法院大樓之間的停車場。為了空出雙手來打開我的福斯金龜車，我把一週的《紐約時報》放在車頂上。我一心想著工作，上了車，慢慢駛向聖安德烈路（St Andrew's Road）。當轉入聖安德烈路後，我加快速度，然後從後視鏡裡看到一週分量的《紐約時報》飄散在空中。我可能會被逮捕，並被揭發是新加坡嚴格的取締垃圾法最嚴重的觸犯者。

一九八一年二月，我陪同外交部長丹那巴南正式訪問印度，以參加一場在新德里舉行的不結盟運動會議。訪問期間，丹那巴南先生邀我晚餐後到他的旅館房間進行私人聊天，結果卻討論到一個很敏感的問題。他問：「馬凱碩，我聽說塞拉潘．納丹（當時擔時任外交部常任祕書）生氣時會對著幕僚丟文件。真的嗎？」我不假思索地回答：「是的，他會。」事實上，我清楚記得有一個週六下午納丹先生心情很不好，對我丟了一份文件。確實有許多幕僚怕他。

丹那巴南先生返回新加坡後，一定向納丹先生提了這件事。我不知道他對納丹先生說了什麼，但我知道納丹先生對我很生氣。我第一次聽到他的反應，是有人轉告我他在「晨禱」（外交部幕僚對每日工作會議的戲稱）時說的話。參加會議的朋友告訴我，他說：「這個部裡有人自以為很聰明，他得學點教訓。」雖然他從未提到我的名字，但大家都知道他指的是我。

他一定認為我向丹那巴南先生抱怨他。不過，我並沒有背後中傷納丹先生，或在背後批評他。我根本沒有主動談起這件事，只是在被問及時誠實地回答。我從這件事學到的一個重要教訓是，生活有時候並不公平。真相不見得終究會浮現。我猜想納丹先生一輩子都對我懷恨在心，當然他可能還有其他不喜歡我的理由。

每當我們見面時，納丹先生總是對我熱情而有禮貌。有一次他和他的家人來我家吃飯，他也在他家招待我和我妻子。事實上，在一九九九年到二〇一一年他擔任總統期間，我在總統府參加的活動可能比其他總統任職期間都多。從表面上看，沒有人能看出我們之間有任何問題。

儘管納丹先生對我不滿意，但在丹那巴南先生接掌外交部後，我的職涯一帆風順。他引入更現代的職涯規畫與發展做法。在他的領導下，我們的升遷是根據「當期估計潛力」（CEP）的評量，這是新加坡政府從殼牌石油公司（Shell Oil Company）的人力資源做法學到的概念。由於我的 CEP 被認為很高，我很快就獲得了晉升。

這可能就是我出乎意料地被派駐華盛頓特區的原因。當我接到消息說我將接替陳海泉（Peter Chan，他後來成為第一位擔任外交部常任祕書的職業外交官）出任使領館副館長（DCM）時，我非常興奮。毫無疑問，美國是世界第一超級大國，只有蘇聯可以與之競爭。正如羅馬帝國鼎盛時期條條大路通羅馬一樣，我也認為條條大路通華盛頓特區。我與所有美國好友的交往經驗都很愉快，所以華盛頓特區對我來說就像一個夢幻職位。

只有一個小問題。格雷琴說她不能立即跟著我過去，因為她在新加坡的記者工作還有一些事要完成。因此我獨自坐在飛機上，看飛機從波多馬克河（Potomac River）上空慢慢降落在當時被稱為華盛頓國家機場的地方。幸運的是，雖然是二月，寒冷的冬季，我們卻在一個陽光明媚的日子降落。我說幸運是因為幾週前的一月十三日，一架飛機從該機場起飛後不久就墜入波多馬克河，因為機翼上積了太多冰，導致它升空後無法爬升。

新加坡駐華盛頓大使是著名的律師彭奇·庫馬拉斯瓦米（Punch

Coomaraswamy）。他與新加坡的開國元勛關係密切，尤其是李光耀。彭奇（當時大家都這麼稱呼他）曾幫李總理打官司。他對我非常熱情和慷慨。不過，他脾氣暴躁，經常發洩在他的私人助理身上。由於我們的大使館設在R街一八二四號（靠近杜邦圓環）的兩棟小聯排別墅中，當他對著擴音器吼叫時，整棟樓都能聽到他的聲音。

我受到美國國務院和許多智庫的熱情接待，他們集合起來就代表了華盛頓的外交政策菁英。這與我在吉隆坡任職時受到一些馬來西亞官員冷漠、甚至有時帶著敵意的接待形成鮮明對比。國會山莊的工作人員也一樣熱情。

在華盛頓特區的第一年，一切都很順利，直到我的兩個好朋友吳建志（Goh Kian Chee）和陳淑珊（他們已經結婚）來看我。期間，我們在岩溪公園（Rock Creek Park）的樹林中散步。我們的談話有點尷尬，感覺欲言又止，直到吳建志把我拉到一邊，低聲對我說：「馬凱碩，我想你應該知道這件事。格雷琴已經有別人了。」我完全不知所措。不久之後，格雷琴來華盛頓特區探望我，並證實了這件事。我竭盡全力挽救這段婚姻，但失敗了。在當時，這是一個巨大的個人打擊，但經過一番痛苦的討論後，我們還是友好地分手了。此後我們一直是好朋友。事實上，在與新加坡著名建築師和城市規畫師劉太格（Liu Thai Ker）結婚後，格雷琴讓我成為他們第一個孩子的教父。

很自然地，格雷琴離開後，我立刻變得非常沮喪。我知道我可以沉溺於酒精（就像我父親一樣），或者選擇繼續往前走。幸運的是，我在華盛頓特區的家位於獨角獸巷（Unicorn Lane），靠近岩溪公園，那裡有美麗的自然風景和一流的慢跑道。我決定參加一九八三年四月舉行的華盛頓特區馬拉松賽。我的訓練課程包括早上跑六英里（十公里）到我位於市中心的辦公室，然後在一天結束時再跑回家。所有這些訓練都得到了回報，我完成了我的第一場、也是唯一的一場馬拉松。訓練帶來的身體疲憊驅散了憂鬱。

一九八二年七月十八日至二十二日，李光耀總理訪問華盛頓特區。雷根（Ronald Reagan）於七月二十一日在白宮接待他並共進午餐。身為新加坡代表團資歷最淺成員，我擔任了官方記錄員。

李總理在會談開始時先對全球的地緣政治進行了廣泛的回顧。他指出，國際情勢仍然嚴峻，蘇聯繼續其擴張主義，支持對柬埔寨、阿富汗的非法占領。他的話對雷根總統及其代表團（其中包括國務卿舒茲〔George Shultz〕和國防部長溫伯格〔Caspar Weinberger〕等高階官員）來說肯定很受用，因為雷根政府以強烈反對蘇聯而聞名。事實上，舒茲和溫伯格多次點頭表示贊同。

身為記錄員，我一直在等待雷根總統的回應，以便記錄他的話（因為他毫無疑問是當時世界上最有權勢的人）。終於，他開口了。在李總理提到英國人後，雷根總統清清嗓子，回應這個話題：「是的，英國人。我剛剛見過女王，而她正在抱怨她的馬。」當我記下他的話時，意識到自己一邊在想：「他在說什麼？馬？這裡面肯定有深意。」在雷根簡短的插話後，李總理繼續他的表述，為我們世界的現狀提供進一步的見解。一旦他決定做一場深思熟慮的陳述時，世界上很少有人能與他匹敵。這顯然讓雷根及其代表團留下了深刻的印象。後來，當李總理再次提到英國人時，雷根再次插話：「是的，我和女王談過，她向我抱怨她的孩子。」

女王？馬？孩子？雷根想傳達什麼訊息？他的沉思背後可能沒有什麼深刻的意義。相反地，對思想的對話感到不自在的雷根，正試圖以他最擅長的方式參與談話：閒聊。就性格和個性而言，雷根和李光耀是南轅北轍。雷根對是與非有明確的看法，尤其是在地緣政治方面。他和其他人一樣了解蘇聯對世界的威脅，但他不會試圖以高度思想化的框架來陳述他的觀點，而是以巧妙的軼事和詼諧的俏皮話來表達。（他最著名的一句俏皮話是他在遭暗殺後對妻子南希說：「親愛的，我忘了躲開。」）李光耀是一位睿智的知識份子，而雷根不是，但這兩人仍有共同的看法，且對彼此的觀感整體來說很不錯。

我必須在這裡承認，我第一次面對面見到雷根，與我在華盛頓特區每天閱讀《紐約時報》所形成的對總統的負面看法一致。《紐約時報》對雷根帶著不屑的姿態。任何定期閱讀《紐約時報》的人都會得到這樣的印象：雷根是個愚鈍、思想貧乏的人（《紐約時報》經常將他描述為好萊塢的二流明星），缺少擔任總統所需要的才智。很遺憾地，我第一次面對面見到雷根只是證實了這個印象。

《紐約時報》的報導未能讓美國大眾了解到一個事實：雷根最終成為美國歷史上最具影響力的總統之一。他在外交上的成就是巨大的！雷根談到「美國的早晨」（morning in America）：他流露出自信和愉快的氣息。他的許多笑話讓美國人開懷大笑，尤其是關於蘇聯的笑話。他講這些笑話的方式就像一位歌舞劇場的老前輩，他平易近人的演講效果很好。他最喜歡的笑話是關於蘇聯的汽車交貨延遲了十年：一個人付錢買汽車，辦事員告訴他：「好，十年後再來取你的車。」買家問：「上午還是下午？」櫃檯後面的人說：「十年後，那有什麼差別？」買家回答說：「是這樣的，水管工人早上會來。」

在政治上，右翼共和黨雷根與他的左翼民主黨眾議院議長提普．奧尼爾（Tip O'Neill）截然不同。他們之間存在激烈的政治分歧，但他們對彼此相當尊重。正如雷根在他的日記裡所寫：「提普是一位真正的政治家。他可以真心喜歡你這個人並和你交朋友，但在政治上他會想盡辦法打敗你。」[1]雷根的白宮幕僚長詹姆斯．貝克（James A. Baker III）說，儘管他們在哲學上有著強烈的分歧，「但他們之間確實彼此欣賞。只要他們說的是愛爾蘭笑話而不是政策，兩個人之間就很有默契。我認為他們真的很喜歡彼此的陪伴。」[2]奧尼爾在雷根遭到槍殺後前往醫院探望他，前雷根助理馬克斯．弗里德斯道夫（Max Friedersdorf）對這件事的描述特別令人感動：

> 當議長進來時，他向我點頭示意，然後走到床邊，握住總統的雙手說：「上帝保佑你，總統先生。」總統看起來仍然有點昏沉……他的身上接了很多管子和針頭。但當他看到提普時，臉上頓時露出了光彩，對議長露出一個大笑容。「謝謝你來，提普。」然後，仍

---

1 "White House Diaries," Thursday, March 17, 1983, Ronald Reagan Presidential Foundation and Institute, www.reaganfoundation.org/ronald-reagan/white-house-diaries/diary-entry-03171983/.

2 Hedrick Smith, "Reagan and O'Neill: Each One Needs the Other," *New York Times*, March 17, 1983, www.nytimes.com/1983/03/17/us/reagan-and-o-neill-each-one-needs-the-other.html.

然握著總統一隻手的議長跪下來說，他想為總統祈禱，並選讀了《詩篇》二十三篇……禱告結束後，議長放開總統的手，站了起來，然後彎腰親吻他的額頭。[3]

雷根最偉大的成就是結束對蘇聯的冷戰。雷根是強烈的反共主義者。他稱蘇聯是「邪惡帝國」。他以大規模的軍事建設來壓制蘇聯。戰略防衛計畫（SDI）——即「星際大戰」計畫——是這些建設的重要部分。這是一項反彈道飛彈計畫，目的在於開發防禦核武器攻擊所需的技術。雖然這個構想似乎源自雷根提升國家安全的真誠願望，但它被認為升高了危險的軍備競賽，因為它可能危及相互確保毀滅的威懾政策。舒茲回憶：「事實上，這證明是最終的談判籌碼。而我們把它的效用發揮到極致。」[4]

雷根的蘇聯對手應該認為雷根是魔鬼的化身。然而，當戈巴契夫（Mikhail Gorbachev）崛起並於一九八五年三月十一日出任蘇聯共產黨總書記，進而開始一百八十度改變蘇聯政策後，他需要一位願意妥協並與他達成共識的美國總統。儘管雷根強烈反對共產主義，但事實證明他是最理想的人選。正如塔柏特（Strobe Talbott）在布魯金斯研究院發表的一篇文章所說，雷根意識到戈巴契夫想推動的國內改革將符合美國的利益，因而「開始嘗試透過密集且持續的個人接觸，說服戈巴契夫相信美國不會讓他對自己選擇的這條道路感到後悔」。[5]在第一次與戈巴契夫會面之前——他很認真看待這次會面，甚至進行了模擬峰會排練——雷根在一份備忘錄中寫道：「不管我們取得什麼成就，都不能稱它為勝利。」因為這只會讓下一個成就變得更困難。他寫道，要避免提出任何「政權更迭」的要求，而是要尋找共同利益。在會見戈巴契

3 Chris Matthews, "When the President and the Speaker Were a Team," NBC News, September 30, 2013, www.nbcnews.com/id/wbna53150184.

4 Atomic Heritage Foundation, "Strategic Defense Initiative (SDI)," July 18, 2018, https://ahf.nuclearmuseum.org/ahf/history/strategic-defense-initiative-sdi.

5 Strobe Talbott, "Reagan and Gorbachev: Shutting the Cold War Down," August 1, 2004, www.brookings.edu/articles/reagan-and-gorbachev-shutting-the-cold-war-down/.

夫後，雷根說：「我們兩個人對彼此有好感，我們互相傾聽，我們有不同的意見，但也許有辦法繼續下去。我們還有很長的路要走，希望我們能找到某種共同點。」[6]兩位領導人共同參與多次高峰會，並交換數十封信函。雷根把緩和兩國緊張關係的大部分功勞歸於戈巴契夫，並在回憶錄中寫道，當他最後一次以總統身分會見戈巴契夫時，「我們以合作夥伴的身分告別，共同為創造一個更美好的世界而努力。」[7]

事實上，雷根幾乎是拯救了人類免於面臨最大的威脅：核戰帶來的滅絕危機。在戈巴契夫上臺前的一九八四年一月，雷根在一次演說中表示：「在我們的談判中，降低戰爭風險是第一要務，特別是核戰的風險。核戰衝突很可能是人類的最後一戰……我支持絕不選擇動用核武。正如我之前所說，我的夢想是看到核武從地球消失的那一天。」[8]遺憾的是，雷根談到零核武時，嚇壞了美國的軍事工業複合體，導致他們在幕後極力削弱他試圖實施此一政策的行動。雷根因為與戈巴契夫在一九八七年十二月八日簽署《中程核武條約》（Intermediate-Range Nuclear Forces Treaty）而遭到保守派同僚的強烈反對——保守黨核心小組主席霍華德．菲利普斯（Howard Phillips）甚至指控他，「在蘇聯宣傳中表現得像一個有用的白痴」。[9]儘管如此，雷根和戈巴契夫都設法讓該條約獲得批准，成功撤除了一整個類別的核子武器。

雷根後來成為美國最有影響力的總統之一，但我得慚愧地承認，我花了

---

6 David Smith, "Gorbachev and Reagan: The Capitalist and Communist Who Helped End the Cold War," August 32, 2022, www.theguardian.com/world/2022/aug/31/gorbachev-and-reagan-the-capitalist-and-communist-who-helped-end-the-cold-war.

7 Jack Foust Matlock Jr., interview by Mary Marshall Clark, "The Remi-niscences of Jack Foust Matlock Jr.," Harriman Institute, Columbia University, February 2, 2017, https://oralhistory.harriman.columbia.edu/interview/18.

8 Ronald Reagan, "Address to the Nation and Other Countries on United States–Soviet Relations," Ronald Reagan Presidential Library and Institute, January 16, 1984, www.reaganlibrary.gov/archives/speech/address-nation-and-other-countries-united-states-soviet-relations.

9 Hedrick Smith, "The Right against Reagan," *New York Times*, January 17, 1988, www.nytimes.com/1988/01/17/magazine/the-right-against-reagan.html.

兩年半時間在華盛頓特區觀察他和他的總統任期時，並沒有意識到這一點。

雖然我的工作很忙碌，但在格雷琴離開我之後的一九八三年和一九八四年仍然是我個人生活很幸福的兩年。對剛恢復單身的男人來說，華盛頓特區不乏可以約會的年輕女性。不過，有一位年輕女子很明顯讓我另眼看待。她的名字叫安妮．金．馬基（Anne King Markey），是我在吉隆坡初次遇見的美國外交官弗蘭克．班尼特介紹我認識的，當時安妮在商品期貨交易委員會（CFTC）擔任律師。一九八三年初，她和弗蘭克在維吉尼亞州夏綠蒂鎮（Charlottesville）的一個高級管理培訓課程上成為朋友。課程結束時，弗蘭克對安妮說：「讓我介紹你認識一個華盛頓特區最棒的年輕單身漢。」弗蘭克提議由他和他的妻子邀請安妮和我共進晚餐。安妮後來告訴我，她對這種盲目的雙重約會有點畏懼。因此，她建議弗蘭克讓我打電話到她的辦公室，這樣我們就可以安排一起吃午餐。

在弗蘭克向我簡短說明他如何認識安妮後，我遵照提議打電話到安妮的辦公室並留下了訊息。然後我等待又等待，等著她回我的電話。八週後，她真的回電了。安妮後來告訴我，她回電給我只是因為她從日程表上看到弗蘭克那一週會從兩個月的海外旅行回來，而且她知道弗蘭克會立即打電話詢問她對我的看法，她覺得她別無選擇。

大約是一九八三年底，我們在一家中國川菜館共進午餐，餐廳位於她在K街的辦公室和我在杜邦圓環的辦公室中間，交通很便利。第一次見面並沒有激出多大的火花，但我們同意再見面，而且真的再見面了。我比安妮先墜入愛河。據安妮說，我從未真正向她求婚，而是開始辯論我們為什麼應該結婚。不過，她承認我每週都會送一束玫瑰花到她的辦公室。有一次她聽到一位同事在走廊上說：「又來了！這個星期她又收到花了！」我每週都會送花給她的原因之一是當時我們分隔兩地。一九八四年八月，我被派往紐約接替許通美擔任新加坡駐聯合國大使。

我的堅持不懈得到了回報。一九八四年十二月，也就是我們認識大約一年後，我參加了加拿大總理在安大略省渥太華舉辦的年度聖誕節招待會。我這樣做是因為除了擔任駐聯合國大使，我也是新加坡駐加拿大非常駐高級專員。就在我準備離開旅館，冒著寒冷、刮大風的天氣步行前往加拿大國會大廈參加招待會時，電話響了。是安妮打來的，說她終於決定嫁給我。這是個難忘的時刻，儘管我們相隔千里，而且冰冷的氣溫和呼嘯的加拿大風並不是我喜歡的天氣。但我內心因為狂喜而暖洋洋的。

在我搬家到紐約前，安妮和我在一起度過許多時間。我能夠定期在獨角獸巷的房子裡招待客人，是因為在我們前往華盛頓特區前，我聘請了來自馬來西亞的好廚師普雷瑪（Prema）。我在華盛頓特區的另一位好朋友伊麗莎白．貝克（Elizabeth Becker）幫助普雷瑪在特區成為知名的廚師。一九七三年至一九七四年，柬埔寨戰爭期間，伊麗莎白擔任《華盛頓郵報》駐金邊記者時，和我成為好朋友。在飽受戰亂的地區做報導被視為是「男人的工作」。這位年輕、單身、極具吸引力的女性開始從前線報導新聞後，很快便在華盛頓成為家喻戶曉的人物。我們叫她「貝絲」（Beth），最後她嫁給華盛頓最著名的專欄作家之一吉姆．霍格蘭（Jim Hoagland）。

當時《華盛頓郵報》是華盛頓特區最有分量的報紙，尤其是在十年前揭露令人震驚的水門事件後。《華盛頓郵報》發行人凱瑟琳・葛蘭姆（Katharine Graham）和執行總編輯本・布萊德利（Ben Bradlee）在華盛頓圈子裡都是傳奇人物。我見過《華盛頓郵報》家族的許多成員，包括之前我在柬埔寨就認識的凱倫・迪揚（Karen DeYoung）和約翰・伯吉斯（John Burgess）。最重要的是，貝絲幫我連繫了《華盛頓郵報》的社交版編輯，他決定寫一篇文章介紹普雷瑪的烹飪有多特別。從此以後，我不費吹灰之力就能邀請人們來我家晚餐。

我在華盛頓結識了各色各樣的朋友。其中一位是斯特普・塔爾博特（Strobe Talbott），當時他是《時代》雜誌記者。我們一起打壁球。在一九九四年至二〇〇一年他出任國務院副國務卿後，每當我訪問華盛頓，他經常撥出時間見我（以及當時擔任新加坡駐華盛頓特區大使的塞拉潘・納丹），儘管我代表的是一個小國家。這種關係再次證明，在外交中，個人關係非常重要。

儘管一九八三年我的工作很繁忙，但我認為自己在新加坡外交部的職業生涯已陷於停滯。一九八〇年代初期，新加坡政府仍然非常嚴厲和保守。離過婚的官員將永遠不會有機會成為部長或國會議員的候選人。因此，我自認身為離過婚的人，不會再晉升為大使。（許通美後來告訴我，李光耀聽說我離婚的消息後很不高興，並因此批評我。許通美為我辯護，解釋說是格雷琴想離婚，我們仍然保持友好關係。李光耀最後接受了這個解釋，而我永遠感激許通美對我的支持。）我向來抱負遠大，所以意識到我的職涯很可能遭遇無法克服的障礙，也為離婚本身平添幾分悲戚。

然而，一種古老的生存本能開始萌生力量。與其煩惱未來的職涯，我不再堅持自己的雄心壯志，而是把注意力放在過好此時此刻在華盛頓特區的日子。我的社交生活很活躍，而且正和安妮約會。整體說來，一九八三年是幸福的一年。

我也決定寫信給頗具影響力的國際事務期刊《外交》（*Foreign Affairs*）的編輯，提議寫一篇關於柬埔寨的文章。這是一個相當大膽的舉動。我是來自一個無足輕重的小國的年輕外交官。我沒有發表過任何有意義的作品。在此之前，我最廣為人知的文章可能是發表在新加坡國立大學校刊上的那篇〈有關禮儀的問題〉。

《外交》雜誌顯然是國際事務期刊中的聖母峰。無論是在美國外交政策圈或是在世界主要首都，它都享有極高的聲譽。它的編輯流程以嚴謹著名，它的作者也都是一時俊彥。一九八〇年代初的《外交》作者包括以色列的西蒙．佩雷斯（Shimon Peres）等主要政治人物；美國前國防部長和世界銀行總裁羅伯．麥納瑪拉（Robert S. McNamara）等外交政策菁英；備受讚譽的科學家和作家卡爾．薩根（Carl Sagan）等有影響力的學者；以及《世界報》（*Le Monde*）總編輯安德烈．方丹（André Fontaine）等知名記者。過去還沒有新加坡人在那裡發表過文章。事實上，很少亞洲人發表過。我還不清楚是什麼驅使我寫信給《外交》雜誌的編輯比爾．邦迪（Bill Bundy），提議寫這篇文章——這是一次冒險的嘗試，出於衝動，我也沒有事先徵得外交部的許可。

比爾．邦迪來自權貴家族。他和他弟弟，麥喬治．邦迪（McGeorge

Bundy），甘迺迪政府的國家安全顧問都是美國政治和知識界的重量級人物。當我走進他的辦公室時，以為會看到一個傲慢且高高在上的人（事實上，我在一些富麗堂皇的辦公室見過許多傲慢的人）。然而，比爾接待我時，極其熱情和親切。我們並排坐著，逐頁審閱這篇文章。那就像一堂很棒的大學個別指導課程——事實上，比爾是普林斯頓大學教授兼《外交》的編輯——讓我想起我在新加坡國立大學求學時最享受的一些時刻。

更令我驚訝的是，當我終於抽出時間把我的文章草稿寄給我們的外交部長丹那巴南先生批准時，他幾乎立即做出積極的回應。我很幸運，因為彭奇．庫馬拉斯瓦米原本可能因為他的副手（比他小二十三歲）在《外交》雜誌發表文章、搶了他的風頭而不高興，但他完全支持我。

當時在《外交》上發表任何文章都是一件大事。我文章的主要論點是國際社會應該團結起來說服越南撤離柬埔寨。文章內容解釋了如何做到這件事。感受到越南入侵柬埔寨威脅最大的國家是泰國，因為強大的越南軍隊靠近它的東部邊境，任何迫使越南撤離的壓力都會受到泰國歡迎。也許正因為如此，泰國外交部長、空軍上將西提．沙衛西拉（Siddhi Savetsila）對我的文章反應最熱烈，他寫信告訴我，情況正是如此。一個國家的外交部長寫私人感謝信給另一個國家的年輕外交官，這在當時並不常見。

到了一九八三年底，藉由放棄一些升遷的野心而專注於發展我所能掌控的生活和職涯，讓我得以恢復自信，使我的前景看起來甚至更光明了一些。新加坡大使館的員工是一個緊密、相互支持的社群，加上經濟參贊傑克．朱（Jack Choo）是一位傑出的同事，都對我大有助益。這個新加坡社群經常在新加坡商人雷蒙德．丁（Raymond Teng）郊區的宅邸裡聚會吃飯。

幾位新加坡高層領導人到華盛頓特區來探望我們。當吳慶瑞副總理到訪時，我陪著他去拜會聯準會主席保羅．伏克爾（Paul Volcker）。伏克爾在華盛頓是個巨人般的存在——他身高六英尺七英寸——他在一九八〇年三月把利率提高到近一五%，成功擊退了通貨膨脹這條巨龍。我原本不知道伏克爾多有影響力，直到吳慶瑞教育了我。他告訴我，伏克爾克微微皺個眉頭或淺淺一個微笑都能牽動市場。儘管伏克爾擁有巨大的權力和影響力，他還是非常和善地接待了吳博士及其代表團。代表團成員包括當時三十二歲的金融管理局常務董事高銘勝（Koh Beng Seng）。在談話中，伏克爾問吳博士誰是新加坡的保羅．伏克爾（亦即央行總裁）。當吳博士指著看起來還像個學生的高銘勝時，伏克爾看起來很驚訝。

我原本以為我的職涯會因為與格雷琴仳離而遭遇挫折，所以當我被告知（大概是在一九八四年初）將獲得大幅晉升時，我大感震驚。彭奇．庫馬拉斯瓦米大使已被任命為最高法院法官，許通美將接替他擔任駐美國大使。[10] 當時三十五歲的我，被指派接替許通美出任新加坡駐聯合國大使。我對這個消息感到不知所措。我告訴的第一個人是安妮。當時我們還沒有決定要結婚還是成為情侶。所以在我嘗試了解我肩負的這個巨大責任時，把這個消息告訴了她。安妮很支持我，讓我覺得在她的支持下，我可以迎接這個艱巨的挑戰。

許通美（當時四十六歲）已是新加坡和聯合國的傳奇人物。一九六一年，他年紀輕輕就創造了歷史紀錄，成為第一位以一等榮譽學位從馬來亞大學（次年其新加坡校區獨立成為新加坡大學）法律系畢業的新加坡人。隨後，他又在哈佛大學和劍橋大學獲得更高的學位。一九六八年七月二十四日，他首度被派任為新加坡駐聯合國大使，當時年僅三十歲。從一九七四年到一九八四年，他第二度擔任新加坡駐聯合國大使長達十年。當我被指派接替他的職位時，他已經擔任新加坡駐聯合國大使超過十三年。目前，我和許通美是僅有的兩位曾兩度擔任駐聯合國大使的新加坡外交官。

許通美以其卓越的談判技巧而成為聯合國的傳奇人物。大多數聯合國外交官承認，如果不是他擔任聯合國海洋法會議主席，世界就不可能在一九八二年成功締結《聯合國海洋法公約》（UNCLOS）。許通美因為促成《聯合國海洋法公約》，使世界變得更加安全，為世界歷史做出了重大貢獻。

許通美之所以成功，是因為他能在會議上眾多相互競爭的派系和利益集

10 Punch Coomaraswamy to Be Appointed Supreme Court Judge," *Singapore Monitor*, May 6, 1984, https://eresources.nlb.gov.sg/newspapers/Digitised/Article/singmonitor19840506-1.2.4.5.

團間，達成巧妙的妥協。他特別善於與出席會議的美國大使艾略特・理察森（Elliot Richardson）合作，促成後者獲得有利於美國利益的重大讓步（例如把專屬經濟區擴大到離岸兩百海里）。由於許通美與理察森大使和美國代表團的密切關係，導致他對可能是他人生中經歷的最大外交背叛毫無準備：美國在「撈到」大量的讓步後卻拒絕批准《聯合國海洋法公約》。這讓各國為之震驚。像往常一樣，不**批准**《聯合國海洋法公約》的決策並非來自深思熟慮的美國政策制定者，而是來自企業利益集團。這些企業利益集團希望在不受聯合國限制的情況下，自由地利用美國技術開採深海資源。這將被後世視為人類歷史上最自私的行為之一。

許通美也為號召國際社會大力支持聯合國譴責越南入侵柬埔寨的決議，做出卓越的貢獻。一九八三年，也就是我到任的前一年，聯合國一百五十八個成員國中有一百零五國投票贊成這項決議。[11]結果，我做為新加坡大使的主要責任，就是確保這個數字不會下降。幸運的是，在我的任期內，新加坡成功促成更多國家支持這項決議，在一九八八年使支持的國家增加到一百二十二國。

我被要求接替許通美時，感到自己肩負巨大的責任。幸好，搬到紐約很容易。許通美打電話給我，建議我們使用紐約使節團的兩輛車進行雙向搬遷。他和妻子（Poh Siew Aing）及兩個兒子（Wei與Aun），將開車裝載他們的家當從紐約前往華盛頓，然後我再開著同樣的車把我的物品載到紐約，搬進他在紐約市寬敞的公寓。

由於許通美是名人，我們的任命被新加坡媒體廣泛報導，我確信所有的報導都讓我父母感到很振奮。對我母親來說，她在信德社群能獲得愈來愈多的尊重，意義重大。在我父親入獄並且兩人分居後，她受到某種程度的冷落（因為分居和離婚在保守的亞洲社群中被視為不光彩的事）。在我獲得任命後，她可以昂首闊步地前往定期參加祈禱活動的蒙巴頓路信德會館。當我回

---

11 "The Situation in Kampuchea: Resolution/Adopted by the General Assembly," United Nations Digital Library, October 27, 1983, https://digitallibrary.un.org/record/278340?ln=en.

家探望時，我也看到了父親是多麼自豪：他會拿出皮夾，向我展示了他小心剪下並保存的所有關於我被派任的新聞剪報。對他和我母親來說，他們感受到的聲望和地位提升，與我們享受到的新財務安全一樣重要。

這對我來說也是令人興奮的經驗。在我聽到新派任的消息前，我確信格雷琴和我離婚將讓我的職涯陷入停滯。然而，我卻大幅躍升了。三十五歲時的這項任命，是我一生中最大的祝福之一。

第八章——紐約，紐約

我在聯合國如魚得水。我也愛上了紐約市，尤其是曼哈頓。我在一九八四年八月單身來到紐約，然後在一九八九年帶著妻子和兩個小孩快樂地離開紐約。顯然我第一次派駐紐約是我一生中最快樂的時期之一，雖然其中有一、兩個黑暗的時刻為我日後的生活帶來困擾。

走進聯合國總部大樓，體驗一個由一百五十九個國家的代表所組成的真正地球村，總是讓我興奮不已。理論上，這個由來自亞洲、非洲、拉丁美洲、歐洲、北美和中東的代表所組成的多元化社群，應該每天都會經歷許多文明衝突，因為他們來自截然不同的文化和傳統，但我感受到的是這些來自不同地區的人們共通的人性。事實上，我與許多駐聯合國大使建立了深厚的友誼。

在我加入聯合國時，我的一些阿拉伯同僚宣稱我屬於他們的部落，因為我的姓氏「Mahbubani」源自阿拉伯／波斯文單字「mahbub」，意思是「心愛的」。信德省位於印度次大陸的西北角，早在公元七一二年就被入侵的伍麥亞哈里發（Umayyad Caliphate）穆斯林軍隊所征服，因此大多數信德人是穆斯林。我小時候學習讀寫信德語時，我學會了讀寫波斯—阿拉伯文，而不是印地語使用的梵文。由於我的信德根源，我對阿拉伯國家和伊朗都有一定程度的文化好感。當時我留著鬍子，所以我不打領帶時偶爾會被誤認為伊朗外交官。

我自然而然地融入東協的大使社群。我們來自東協的五個創始成員國——印尼、馬來西亞、菲律賓、新加坡和泰國，由於有一個共同的使命，即在聯合國大會上爭取更多支持東協譴責越南占領柬埔寨的決議票數，我們就像戰友一樣團結合作。與大多數成員國一樣，東協國家向聯合國派出很有效率的大使：印尼的阿里·阿拉塔斯（Ali Alatas）、馬來西亞的札因．阿茲拉伊（Zain Azraai）、泰國的比拉姆宏西．卡西姆斯里（M. L. Birabhongse Kasemsri）和菲律賓的路易斯．莫雷諾．薩爾塞多（Luis Moreno Salcedo）。除了年長許多的薩爾塞多大使，其餘的大使在聯合國任職後都成就了卓越的職涯。阿里．阿拉塔斯於一九八八年至一九九九年擔任印尼外交部長；札因．阿茲拉伊曾擔任馬來西亞財政部祕書長和馬來西亞工業發展金融公司（MIDF）董事長，可惜因為肺癌在相對年輕的六十歲時不幸去世；比拉姆宏西則出任泰國王室宮務大臣，這是泰國最有聲望的職位之一。

與來自世界各地的一流大使打交道，是在聯合國「地球村」工作最大的樂趣之一。就連世界上最強大的國家美國，也會特別派遣傑出人士擔任大使。一九八四年至一九八九年間與與我共事的兩位美國大使是珍妮．柯克派屈克（Jeane Kirkpatrick）和弗農．沃爾特斯（Vernon Walters）中將。儘管他們都代表同一個國家，兩人風格卻截然不同。弗農（朋友暱稱他為迪克〔Dick〕）認為在聯合國工作並為美國贏得朋友是他的使命。柯克派屈克則對聯合國表現出完全的蔑視，並認為聯合國的職位只是通往華盛頓特區更高職位的墊腳石。可悲的是，許多美國駐聯合國大使都與她有相同的看法。

一九八四年八月我到任時，曾要求拜會柯克派屈克。她不常待在紐約，所以我花了好幾個月才約到她。她顯然覺得允許我拜訪她是在幫我的忙。會談進行得很糟，因為她不是一個好的傾聽者。在聽錯我說的話之後，她嚴厲地給我一頓專業的訓斥，並把我趕出她的辦公室。幸好她的副手也在場，他看到她所犯的錯誤，並安排了一次午餐，以便我們能夠修補關係。他這麼做只是因為美國和新加坡在聯合國密切合作，共同反對越南入侵柬埔寨。

對照之下，沃爾特斯是一位真正的老派紳士。一九八五年我第一次見到他時，他六十八歲，我三十六歲。他在各方面都比我資深。有一次，沃爾特斯要求見我。由於他年紀大得多，我提議步行到他位於兩個街區外的辦公室會面。他斷然拒絕。他是一位經驗豐富的外交官，曾於一九六〇年代在義大利、巴西和法國擔任武官；並曾擔任過五位總統的翻譯、談判人員和問題解決者；一九八一年至一九八五年期間，他以無任所大使的身分訪問了一百多個國家。因此他堅持遵守正常的外交禮儀，而由於這次會面是他提出的，所以應該是他走到我辦公室來。沃爾特斯以他的慷慨贏得了我的心。

許多年後回顧這些截然不同的經歷，讓我意識到近幾十年來美國外交出了什麼問題。沃爾特斯認為他的使命是利用他在聯合國的職位為美國贏得朋友，他憑藉自己的魅力、親善和幽默感，出色地完成了任務。他是最受愛戴的駐聯合國大使之一。相較之下，柯克派屈克發表嚴厲的演講和談話，斥責聯合國社群，以便在主導雷根政府國內政策的右翼政客面前顯得凶悍和強勢。她犧牲了美國的國家利益，以達成她狹隘的意識型態議程和她在華盛頓特區更上層樓的個人野心。如果公正的話，她應該因為這種做法而被降職。然而，她卻得到了獎賞，成為美國的媒體明星，儘管她疏遠了其他聯合國大使。

沃爾特斯會說多種語言，包括荷蘭語、法語、德語、義大利語、葡萄牙語、俄語和西班牙語。他對外語的精通程度，包括像日語這樣艱澀的語言，令人驚嘆。當尼克森總統（沃爾特斯跟他很熟）訪問日本時，沃爾特斯能把英語翻譯成「最高敬語」（saikou keigo），也就是用來對天皇說話的最高級敬語。

但沃爾特斯總是謙抑待人。有一次我問他會說多少種語言時，他回答：「馬凱碩，我的朋友說我會說十三種語言，但不會使用任何一種語言思考。」他也是新加坡的仰慕者。有點不尋常的是，他是地下地鐵系統的酷愛者，而且參觀過世界各地的大多數地鐵系統。他欽佩地告訴我，新加坡大眾捷運系統（MRT）是唯一能提前完工且低於預算成本的系統。

他也是李光耀的忠實仰慕者。他告訴我，他曾對尼克森說，幸好李光耀只是新加坡這個小國的領導人，如果他是中國這種大國的領導人，美國和蘇聯就得相互擁抱以尋求安慰，而不是成為冷戰對手。沃爾特斯比我一生中遇到的大多數大使更了解個人特色的重要性。每年我都會收到一張手寫的聖誕卡，上面寫著他親切的個人訊息。我問他是如何抽出時間來寄送手寫短箋的。他告訴我，他在長途飛行時會帶著聖誕卡。然後他會為每一位聯合國大使寫一封個別的短箋。

魅力十足的沃爾特斯離開後，美國在聯合國的影響力是否減弱了？絕對沒有。從這裡我學到，對美國這樣的大國來說，其影響力並不取決於大使的素質和能力。在發揮影響力上，權力比個人特質更具說服力。小國的大使很清楚，如果他們與美國駐聯合國大使起衝突，會面臨什麼後果：他們會丟掉工作。當這種情況發生在小國大使身上時，我並不感到驚訝，但當美國國務卿歐布萊特（Madeleine Albright，一九九三年至一九九七年擔任美國駐聯合國大使）因為巴西駐聯合國大使阿摩林（Celso Amorim）不支持美國對伊拉克海珊的議程，而設法讓他被調職時，我感到非常震驚。

相比之下，小國大使因為沒有國家力量可以依靠，不得不使用其他武器。身為駐聯合國大使，我會告訴我在聯合國代表團的幕僚，我們這些新加坡外交官只有三種資源可以利用：理性、邏輯和魅力。魅力是一種難以捉摸且難以形容的特質，但如果使用得當，可以產生神奇的效果。我在首次擔任駐聯合國大使時學到的另一個重要教訓是，人們喜歡真誠。做自己而非假裝成別人很重要。

我到聯合國之後做出的一個重大決定是，我不應該試圖成為許通美。他以自己獨特的風格和魅力在擔任駐聯合國大使上取得巨大的成功，這是我無法複製的。相反地，我必須做自己。這種做法帶來不錯的效果。許通美也是一位優秀的演說家。在這方面，我也決定不模仿他的風格。相反地，我發展出自己的風格。我致力於向我所知道的最傑出演說家學習，尤其是李光耀。我從他身上學到的最重要一課是，好的演講不應該有空洞的內容，而應該始終具有實質性和有意義的內容。我擔任大使時培養的公開演說技巧，一直對我很有幫助。

我還學會如何阻撓議事。每年東協的主要目標都是增加譴責越南占領柬埔寨的聯合國大會決議的票數。為了爭取票數，我們必須確保投票開始時，所有支持我們的國家大使都在聯合國大會廳內。有些小國只有一兩名外交官。有一次，投票時間快到了，我們東協代表注意到有幾個小國的席位上沒有人。如果投票在沒有他們的情況下進行，那將顯得這項決議的支持度正在減弱，並且意味我們遭到政治挫敗。為了爭取時間，其他東協外交官要我上講臺繼續發言，直到我們所有支持者的席位都被坐滿。我一定是在不靠筆記的情況下講了大約一個小時。我不太確定自己講了哪些內容，但我確實撐過了那段時間，直到泰國大使比拉姆宏西向我豎起大拇指，示意我們已經準備好投票，我才停下來。

我還學到權力操作如何扭曲聯合國的決策。我對這一點很清楚，因為在聯合國的所有社群中，我最親近非洲大使社群（親近程度僅次於亞洲社群）。我發現他們是最可靠、最值得信賴的大使。如果你和他們成為朋友，他們會堅定不移地與你同甘共苦。我想我與許多非洲大使的深厚友誼是顯而易見的。因此，當聯合國在一九八六年啟動一項名為「聯合國非洲經濟復甦與發展行動計畫」（UNPAAERD）的新方案時，新加坡被要求擔任監督委員會主席。該委員會的大部分談判是在富裕的西方捐助國（和日本）的大使與非洲大使社群之間進行的，西方捐助國很樂意讓新加坡擔任中立的主席，因為我們在財務問題上以保守和審慎聞名。非洲大使也很喜歡我，因為我很尊重他們。

因此，我抱持高度的熱情出任這個委員會的主席，深信我能為富裕的西方國家和貧窮的非洲國家發揮有益的作用。但我卻大出意料之外。由於西方國家在聯合國大會發表熱情洋溢的演講，宣布將致力於改善非洲人民的生活，我原本期待他們能向貧困的非洲人民提供大量資源，以具體展現協助的承諾。然而，實際情況卻完全相反。每當非洲的大使嘗試添加一段文字，要求西方大使做出具體、堅定和具約束力的承諾時，熟練的西方外交官就會巧妙地修飾條文，使堅定的承諾更像是附帶條件的意圖。簡單地加上「如果情況允許」幾個字，就能為那些不願履行承諾的西方國家提供一條出路。其他例子還包括「在可能的情況下」和「在適當的時候」。另一種策略是承諾「盡一切努力」提供資源。[1]我不知道原來英語裡有這麼多條件語句，直到我開始擔任UNPAAERD主席才發現。西方外交官在這些談判中的技巧令人嘆為觀止。相較之下，非洲外交官在這方面的經驗較少。由於我必須當個中立的主席，有時候我覺得可憐的非洲外交官就像等著被牽去宰殺的羔羊。他們毫無防禦能力。

有一次我不得不介入。在談判的最後幾天，經過幾週的討論，我們已經有了一份或多或少被大家接受的文件，這時美國代表團走進來，說美國財政部已研究過最終草案，並希望對經過艱苦談判的文件再進一步修正。我決定發脾氣——既真誠又策略性地——並公開斥責美國代表團。在場的大部分代表都感到震驚，尤其是非洲代表。由於美國是世界第一超級大國，很少有人敢在聯合國論壇上公開斥責其代表。我這樣做是冒了很大的風險。幸運的是，我的虛張聲勢奏效了。美國代表團撤回最後一刻的修正，我們隨後通過了這份 UNPAAERD 文件。

這件事在聯合國各社群中傳開後，我在聯合國的地位也隨之攀升。像這類事件和我的演說能力，都有助於確保新加坡大使在聯合國的地位和聲望——已經被許通美拉抬到一個很高的水準——繼續保持其高度。當時加拿大駐聯合國大使是路易斯（Stephen Lewis）。有點不尋常的是，儘管當時的加拿大

1 United Nations Programme of Action for African Economic Recovery and Development, 1986–1990: Resolution/Adopted by the General Assembly, “ United Nations Digital Library, July 1, 1986, https://digitallibrary.un.org/record/118877?ln=en.

總理是來自右翼進步保守黨的穆爾羅尼（Brian Mulroney），他卻任命來自左翼新民主黨的路易斯出任駐聯合國大使。一些加拿大官員後來向我解釋，這是穆爾羅尼總理的「馬基維利戰術」，以便為他授予右翼盟友的酬庸任命提供政治掩護。另一方面，由於路易斯對第三世界國家的代表展現出真正的同情和關心，使得加拿大在聯合國的地位隨之上升。路易斯也有很開放的心胸。我在聯合國的一場演講中引用《良相佐國》（*A Man for All Seasons*）裡的臺詞，讓他印象很深刻。對聯合國最強烈的批評是，聯合國——尤其是聯合國大會——只是個「空談場」，這個批評今日甚至在許多西方人心中也已根深蒂固。但這就是聯合國大會的目的所在。我們生活在一個十分多元化的世界，有許多截然不同的文明、文化、歷史和傳統。創造一個運作良好的全球大會以便讓全人類能夠交流，在道德或政治上都極具重要性。事實上，如果聯合國大會不存在，我們可能就必須發明這樣一個聚會場。由於世界已經縮小成一個相互依存的小地球村，尤其是過去三十年來，隨著全球化加速，對於像聯合國這種地球村大會的需求也變得愈來愈殷切。

這就是為什麼美國政府（與其富裕的歐洲和日本夥伴默默共謀）削弱聯合國是犯了一個戰略錯誤。這個複雜的主題是我的著作《大匯流》（*The Great Convergence*）的核心內容。同樣令我驚訝的是，理性的美國輿論並沒有指出這個錯誤。《紐約時報》尤其令人失望。《紐約時報》沒有把解釋和捍衛聯合國符合美國的長期利益視為己任，反而積極參與詆毀聯合國的過程，指出它的（眾多）缺點，而沒有強調它是一個不可或缺的全球大會，對人類的長遠利益至關重要。可悲的是，《紐約時報》看不清大局。

《紐約時報》駐聯合國記者保羅．路易士（Paul Lewis）在一九八八年十二月六日的一篇文章中，描繪一幅頗為滑稽的景象：「聯合國大會例行公事地譴責越南入侵柬埔寨、南非實施種族隔離、以色列對待巴勒斯坦人的方式。」他把大會程序描述成數百名外交官「關在祕密委員會房間裡」，展開的一系列「文字戰」，「這裡換一個逗號，那裡換一個形容詞」。他還指出，「去年對決議進行辯論時，大多數人只有一八．五％的時間支持美國」，而且即使西方的決議獲得通過，它們也會先被第三世界的代表削弱。「但是，」

他諷刺地總結道，「人類將得以表達一個新的集體願望，雖然表達得有點模糊。這就是聯合國取得進步的方式。」[2]

有一個特定的議題或許可以解釋為什麼《紐約時報》對聯合國抱持敵意。一九八〇年代，冷戰仍在進行時，阿拉伯國家在蘇聯的支持下，通過一系列針對以色列的決議。有些決議是公正且平衡的，也符合國際法，例如呼籲以色列撤出其非法占領的巴勒斯坦領土。有些決議則是不公正、不平衡的。有一項阿拉伯國家提出的知名決議宣稱「猶太復國主義是種族主義和種族歧視的一種形式」。在一九七五年的聯合國大會上，以七十二票贊成和三十五票反對通過了這項決議。

這項決議激起美國猶太社群的群情激憤（這不難理解）。因此，《紐約時報》對聯合國的報導也變得極其嚴苛。新加坡在對有關中東的決議案進行投票時必須謹慎行事。一方面，做為一個小國，我們必須捍衛國際法原則，因此我們不能縱容非法占領巴勒斯坦領土的行為。另一方面，由於以色列慷慨地協助新加坡建立武裝部隊，我們不能支持任何質疑以色列生存權的決議。為了維持這種平衡，我與巴勒斯坦駐聯合國大使祖泰爾齊（Zuhdi Labib Terzi）和以色列駐聯合國大使納坦雅胡（Benjamin Netanyahu）建立了密切的個人關係。納坦雅胡在離開紐約後曾多次出任以色列總理。

一九八六年十一月，新加坡大膽地邀請當時的以色列總統哈伊姆·赫佐格（Chaim Herzog）訪問新加坡。由於我們的三個鄰國都是穆斯林占主導地位，且都未與以色列建交或未承認以色列，赫佐格的訪問引發了馬來西亞和印尼的示威活動。（汶萊也提出外交抗議。）有鑑於這些鄰國的首都出現強烈的反以色列輿論，特別是在吉隆坡，促使一位駐吉隆坡的巴勒斯坦大使阿爾法拉（Ahmad Al-Farra）公開批評新加坡邀請赫佐格訪問，並發表了貶低黃金輝總統的言論。

---

2 Paul Lewis, "United Nations Journal; Acres of Paper, and a World of Good Intentions," *New York Times*, December 6, 1988, www.nytimes.com/1988/12/06/world/united-nations-journal-acres-of-paper-and-a-world-of-good-intentions.html.

新加坡外交部要我向巴勒斯坦駐聯合國大使泰爾齊提出阿爾法拉大使的批評。由於泰爾齊是我的朋友，他很同情地聆聽我的意見，並同意我的法律觀點，即新加坡擁有接待友好國家元首的主權。泰爾齊告訴我，他將說服他的領導人阿拉法特主席糾正這種情況。令我大感驚訝的是，阿拉法特果真這麼做了。他說：「無論新加坡總統在政治議題上的立場如何，我們都不贊成以任何方式貶低他。我們尊重新加坡主權及其接受或拒絕任何來源的資訊的權利，包括來自巴勒斯坦解放組織的資訊。我們不允許我們的任何代表對新加坡總統發表輕蔑的評論。」新加坡政府也感到驚訝。我也得知，李光耀總理對此特別印象深刻。我們當然公布了阿拉法特的這項聲明。無疑地，這讓馬來西亞政府感到尷尬，因為在它抗議以色列總統訪問新加坡的同時，巴勒斯坦人的領袖，阿拉法特主席，卻重申新加坡有接待任何人的主權。

以色列駐聯合國大使納坦雅胡私下告訴我的話，也讓李光耀留下深刻印象。由於以色列政府在一九八〇年代沒有得到許多第三世界政府的承認，這些國家的大使不會出席與納坦雅胡的晚宴。安妮和我決定只邀請納坦雅胡和他妻子芙蓉（Fleur）到我們紐約的住所共進晚餐。我們四人吃了一頓豐盛的晚餐。晚餐後我們打開公寓的所有窗戶，讓納坦雅胡可以享用他的雪茄和烈酒。這時候他已經很放鬆了。這讓我有勇氣提出一個令人不安的問題。我告訴他一個不可否認的人口統計：以色列人口為四百二十萬，而阿拉伯國家總人口有將近兩億。我問納坦雅胡，四百萬人能和兩億人對戰多久。他停頓一下，吸了幾口雪茄，然後答道：「這就是我們緊緊控制美國國會的原因。」當然，這個事實是眾所周知的。任何理性的觀察者都知道這一點。儘管如此，李光耀還是對納坦雅胡的坦率印象深刻。

像這樣的外交時刻提升了我在一九八〇年代的職業生涯。這些成功肯定讓我沖昏了頭，因為它們沒有讓我做好準備，迎接我職業生涯中即將經歷的一個重大挑戰。由於我的工作表現出色，丹那巴南部長找上我，問我是否考慮從政。他沒有做出任何承諾，但表示如果我接受邀請，我將獲得政府的高階職位。我與安妮討論過後，決定接受這項邀請。

雖然看起來像是已經敲定的事，我還是得走官僚程序。我盡責地填寫加入人民行動黨成為黨員的申請表。然後我被要求飛往新加坡參加一系列面談。由於我住在紐約，所有的面談都擠在幾天之內。最初的面談進行得很順利。與林金山（Lim Kim San）擔任主席的委員會第一次正式面談進行得很順利，他十分友好。同樣地，我與當時的副總理兼國防部長吳作棟會談也很順利。然而，我與當時擔任貿易和工業部部長的李顯龍準將會面不太順利。不巧的是，我和他的會面安排在我應該參加吳作棟副總理演講的前一刻。由於我不想遲到，可能無意中給李部長留下了我急著離開的印象。這可能是個嚴重的錯誤。

由於我的一對一面談大都很順利，所以當我進入由總理李光耀主持、在總統府內閣會議室舉行的最後面談時，我對他們的攻擊完全沒有做好準備。既然我是被邀請提出申請的，我自然期待這個委員會給予友好的歡迎。在我接受面談的一小時內，只有一個人發言：李總理。他所有的問題都充滿敵意。大部分問題我已不記得，但有一個我記得很清楚：「你為什麼沒有任何朋友？」這個問題讓我很困惑。我不假思索地列出一長串朋友的名字。這並沒有改變他的態度，充滿敵意的質問仍然持續著。由於李總理選擇採取敵對態度時會變得非常凶猛，我顯然感到不安。我可能沒有給出前後一致的答案。我對他一些充滿敵意的問題做出憤怒的反應也可能不明智。這件事讓我想起過去擔任記錄員時，他對一位新加坡大使的疾言厲色，他指責那位大使有「當地情結」。這一次，我成為這場激烈交鋒的目標。

面談結束時，很顯然我應邀申請的工作被拒絕了。我從沒有正式收到人民行動黨的任何信件，告知我的入黨申請被拒絕，也沒有人正式告訴我面談失敗了。但如果我沒有看出我從政的申請程序在最後的面談遭到扼殺，那我一定是傻瓜。丹那巴南先生確實非正式地向我表示，沒有政治職位等著我。據我所知，只有一個人有同樣的經驗：一九九七年至二〇二三年擔任新加坡管理大學董事會主席的何光平（Ho Kwon Ping）。

我被拒絕的善意解釋是，我的心性太過獨立，無法接受人民行動黨嚴格的黨紀，而人民行動黨是世界上紀律最嚴明的政黨之一。不太客氣的解釋是我太自我中心，不是一個「團隊合作者」。在我被拒絕入黨的幾年後，我問吳慶瑞，我的失敗是不是因為我不被視為「團隊合作者」。出乎意料的是，他對他所創建的政黨頗有微詞，並駁斥強調「團隊合作」。我仍然記得他對我說的原話：「團隊合作意味著你幫我，我幫你。」吳博士的兒子吳建志曾被要求為我寫推薦信。他在信中說：「與內閣中的大多數部長不同，馬凱碩會說出自己的想法和說真話。」這可能間接證實了我不是一個團隊合作者。也許可以這麼說，當時人民行動黨很重視服從和忠誠。它的領導人都曾為獲得權位而進行真正的政治鬥爭：從日本占領到共產黨，從與馬來西亞合併到獨立，這一切都需要嚴格的紀律和相當大的勇氣。風險很高，所以那一代人對黨員的要求很嚴格。

我不在新加坡期間，政治世代的更迭就已經開始，所以當時我沒有充分意識到這一點。第一代政治領袖在一九八〇年代逐一辭去部長職務：林金山和杜進才是在一九八一年，埃迪·巴克在一九八三年，吳慶瑞和侯永昌（Howe Yoon Chong）在一九八四年，拉惹勒南則是在一九八八年。任何對他們有所了解的人都知道，他們都是非常堅強的人，不會被重大的政治鬥爭嚇倒。這種強大的街頭鬥爭技巧正是新加坡所需要的，因為它必須應對重大的外部和內部政治挑戰。

到了一九八〇年代，所有與獨立有關的重大政治鬥爭都已取得勝利。從一九六六年社會主義陣線（Barisan Sosialis）[3]退出國會以後，不再有任何重大的內部政治分歧。相反地，重點被放在經濟成長和發展，並專注於提高社會生活水準。爭取政治獨立所需要的技能與國家建設所需要的技能不同，這就是第三世界許多第一代領導人失敗的原因。蘇卡諾（Sukarno）、班達拉奈克（Sirimavo Bandaranaike）、卡翁達（Kenneth Kaunda）和恩克魯瑪（Kwame Nkrumah）等領導人都是偉大的自由鬥士。然而，他們大多數不是優秀的國家建設者。這就是李光耀在他那個時代成為如此不尋常的領導人的原因之一。他是一位偉大的自由鬥士，很少有人能與他的政治和演講技巧相

3　一九六〇年代新加坡的主要反對黨。

提並論，但他也是優秀的國家建設者，他謹慎地挑選國家建設者來做為第二代團隊的成員。

所以我沒有被人民行動黨選中，可能表示我的技能不適合那個時代。但在我被拒絕的當下，我無法真正理解這一點，我只把整件事視為個人的巨大挫敗。

我沒有沉溺於自己所受的屈辱。我記得母親的堅韌。我的煩惱無法和她所經歷的相比。我不允許自己灰心喪志。對我很有幫助的另一件事情是，安妮很快就堅定地認為，我這一生最幸運的事情之一就是我沒有從政。直到今天，她還是這麼想。她堅信如果我從政，很快就會痛苦不堪。

還有一件美妙的事分散了我回想不如意事件的注意力。一九八六年八月十五日，我們的長子基思爾．理查德．馬布巴尼（Kishore Richard Mahbubani）在紐約西奈山醫院出生。我唯一經歷過的分娩是格雷琴生產時我在一旁鼓勵她，雖然我知道孩子將無法存活。一九八六年八月，我經歷了一個完全健康的嬰兒誕生，有十根手指和十根腳趾。他的生日是一個吉祥的日子，因為它恰逢許多宗教的節日：穆斯林聖日（阿拉法日）和天主教聖日（聖母升天節）。無獨有偶，八月十五日也是印度獨立紀念日。因此，我母親希望我們為兒子取名「巴拉特」（Bharat），在印地語中這是印度的同義詞，帶著「祖國」的隱喻。（順便一提，莫迪總理正嘗試把印度的國名改為「巴拉特」。如果我母親還健在，她一定會同意。）幸運的是，安妮和我事先已經決定，如果我們有一個男孩，他的名字會是基思爾．理查德。

一個月後，聯合國大會開幕。和往常一樣，當時擔任國務資政的拉惹勒南先生帶著妻子皮羅斯卡（Piroska Rajaratnam，她是匈牙利裔）來到聯大。和往常一樣，安妮和我在家裡招待他們晚餐。由於我仍對孩子的出生欣喜若狂，整個晚餐的時間我都把孩子抱在懷裡。皮羅斯卡皺著眉頭表示不同意，說嬰兒不應該出現在正式晚宴上。幸好財政部長胡賜道也在晚宴上，和我一樣，他很晚才有小孩，所以完全理解我對孩子愛不釋手，並且鼓勵我抱著他。

我在美國度過的七年（一九八二年至一九八九年）對我來說是一次密集學習的經驗，其中有許多教訓將跟隨我一生。當然，其中一個重要的教訓是美國政府（特別是雷根政府）與聯合國之間的矛盾關係。理論上，美國政府致力於建立更強大的多邊機構。實際上，美國總是試圖削弱這些機構，特別是設法讓它們資金匱乏。美國不斷抱怨聯合國的官僚體系過於笨重、低效、膨脹。這句話就是美國和新加坡代表團在紐約舉行聯大前的例行磋商時，舒茲（李光耀的好朋友）對外交部長丹那巴南說的。然而，當丹那巴南以一貫的直率詢問誠實、正派的舒茲，如果美國想要一個強大的官僚機構，為什麼總是選擇軟弱的人擔任聯合國祕書長，舒茲臉紅了。這是一個不容否認的事實。另一個不容否認的事實是，當時的美國和蘇聯兩個超級大國幾乎在所有問題上都意見分歧，卻一致認同聯合國應該永遠有個軟弱的祕書長。我學到另一個寶貴的教訓是，有些不容否認的事實是不能公開說的。儘管聯合國的所有人都知道這兩個超級大國一致認為只能選沒骨氣的人擔任祕書長，但沒有人能公開說出這個事實。

新加坡和美國對聯合國的看法相左並不令人意外。做為一個小國，新加坡受到多邊規則和多邊機構的保護。做為一個大國，美國則受到它們掣肘。

因此，新加坡希望強化聯合國，美國卻想削弱聯合國。這顯然意味著美國和新加坡的立場是對立的。儘管存在這種對立的立場，李光耀總是能找到方法和手段從美國贏得政治紅利，因為他堅信新加坡與美國的關係應該比與其鄰國更牢固，特別是與馬來西亞和印尼。

李光耀第一次向美國傾斜，是在我們對雷根政府決定於一九八三年十月二十五日入侵格瑞那達（Grenada）的反應。一九八三年十一月二日，聯合國安理會召開會議。雖然當時我派駐在華盛頓特區，但我被派遣到紐約加入許通美的代表團。當李光耀發表他一貫雄辯但是非分明的演講時，我就坐在他身後。他（正確地）宣稱美國入侵格瑞那達違反了《聯合國憲章》和國際法的原則。他說：

> 巴貝多（Barbados）、牙買加、美國和東加勒比海國家組織的成員國都是我國的友邦。對我來說，默許他們的所作所為或保持沉默是極為方便的。但從長遠來看，這樣做將損害我國視為盾牌

> （shield）原則的道德和法律意義。這就是為什麼我們必須把堅持原則置於友誼之上。這就是為什麼我們不能縱容我們在格瑞那達的朋友的行為。[4]

然而，正如我後來從美國官員那裡得知的，當李光耀後來會見美國領導人時，他表示他個人會對入侵格瑞那達採取更加微妙的立場。顯然，李光耀的優先考慮是保持與雷根政府的特殊關係不變。

第二次是雷根政府決定退出聯合國教育、科學及文化組織（UNESCO；聯合國教科文組織）時。美國宣布退出聯合國教科文組織，因為該機構「屢次管理失敗」和「錯誤的政策與計畫」。[5]不過，正如《華盛頓郵報》當時的報導，美國的退出被認為「更多是由雷根政府的保守意識型態所驅動，而非出於UNESCO的管理問題」。美國指責聯合國教科文組織的「一些教育計畫宣傳『受蘇聯啟發的』世界裁軍，把國家的需求置於個人權利之上，並要求建立批判自由市場資本主義的『新國際經濟秩序』」。此外，「貧窮的第三世界國家曾利用聯合國教科文組織論壇投票制裁以色列、讚揚革命組織、譴責美國，並經常在投票中擊敗美國。」[6]

當時，新加坡在以色列－巴勒斯坦問題——以及在大多數聯合國議題——的投票立場，往往更偏向不結盟運動其他成員國，而不是雷根政府。

儘管如此，雷根政府退出聯合國教科文組織後，只有新加坡和英國這兩個國家跟進。由於我是駐聯合國大使，被要求協助起草新加坡的聲明，解釋我們

---

4 "Statement by Singapore's Permanent Representative to the UN in New York, Prof T T B Koh, before the UN Security Council, on the Situation in Grenada on 28 October 1983," Singapore Government Press Release, October 29, 1983, www.nas.gov.sg/archivesonline/data/pdfdoc/kt19831028s.pdf.

5 Text of Statement by U.S. on Its Withdrawal from UNESCO," *New York Times*, December 20, 1984, www.nytimes.com/1984/12/20/world/text-of-statement-by-us-on-its-withdrawal-from-unesco.html.

6 Joanne Omang, "UNESCO Withdrawal Announced," *Washington Post*, December 20, 1984, www.washingtonpost.com/archive/politics/1984/12/20/unesco-withdrawal-announced/b9c6dc92-a31f-443a-977b-f3468faf44fe/.

的退出。當時我們常駐聯合國教科文組織的代表大衛．馬紹爾發表公開聲明說，我們退出該組織是因為「其年度會員資格評估的費用太高」。他解釋，做為一個小國，「新加坡在國際活動上必須考量節約」[7]

我並沒有特別賣力在協助這項聲明的撰寫，因為我知道這不是我們退出的真正原因。我們和美國一起離開，讓我們從雷根政府贏得了一些有用的政治紅利。這對新加坡來說，遠比我們因退出聯合國教科文組織而蒙受的損失更為有用（不管怎麼說，我們在二〇〇七年重新加入聯合國教科文組織，正如英國在一九九七年重新加入）。

事實證明，李光耀與雷根政府建立的密切關係，對新加坡的外部和內部利益都大有助益。在海外，這擴大了新加坡與鄰國的地緣政治空間，使我們在國際舞臺上的影響力和迴旋空間超出我們的地理面積所容許的範圍。在國內，這讓李光耀有餘力管理新加坡更換新總理的政治轉移，而不受來自外部的過多干擾——尤其是美國，因為即使在保守右翼的雷根共和黨政府統治下，美國也在加強民主的輸出。傳統上，推廣民主和人權的是民主黨政府，雷根之前的卡特政府就是個例子。眾所周知，李光耀對卡特（Jimmy Carter）總統並不尊重，因為卡特是一位人權布道者，而不是地緣政治現實主義者。李光耀認為卡特是一個天真的行善者。他在閱讀卡特的書《為什麼不是最好的？》（*Why Not the Best?*）時感到震驚，卡特在書中敘述他小時候因為從募捐箱裡拿走一分錢而遭到懲罰。李光耀：「我說，這個人為什麼要這麼做？既然這麼做了，告訴全世界他是個小偷，又有什麼幫助呢？」他告訴美國記者普雷特（Tom Plate），卡特是他見過最糟糕的美國總統。他說：「他有些地方不太對勁。」在評論卡特一九七九年軟弱無力的演講時，他又補充：「做為領導者，你的工作是鼓舞和激勵人心，而不是分享你心煩意亂的想法。你讓你的人民灰心沮喪。」

相較之下，李光耀總是讚揚雷根的貢獻。他對雷根總統說：「雷根時代

---

7 Arthur Richards, "UNESCO Loses Another Member," UPI, December 16, 1985, www.upi.com/Archives/1985/12/16/UNESCO-loses-another-member/5939503557200/.

一定會成為美國歷史上令人矚目的里程碑。您恢復了美國在維護公正、公平的世界秩序上的領導地位。」[8]他也告訴《財星》（*Fortune*）雜誌：「我喜歡他……他是一位偉大的總統。他為美國感到自豪，也能將自己的感受傳遞給美國人民，讓他們感到自信、樂觀，並取得成就。」[9]

在國際上，有兩件事引發雷根政府與新加坡之間的摩擦。第一件事是一九八七年新加坡在「光譜行動」（Operation Spectrum）中逮捕所謂的「馬克思主義者」。許多被捕者並非馬來亞共產黨說華語的黨員。相反地，當中大多數人是受過英語教育、相對富裕的新加坡中產階級，不乏法律和學術界等領域的專業人士。正如一些政府部長承認的，「馬克思主義者」遭逮捕是新加坡歷史上最具爭議的事件之一。例如尚達曼（Tharman Shanmugaratnam）曾公開表示：「雖然我沒有國家情報的管道，但據我所知，他們大多數都是社會活動家，但並不是想顛覆體制。」人們普遍認為，丹那巴南離開內閣是因為他對人民行動黨處理該事件的方式感到不滿。我沒有以任何方式參與其中（與我的好朋友孫合記在一九七七年二月十七日被捕時不同，那時我寫了一封信為他辯護）。這一事件引起美國國會議員的批評，他們寫信給賈古瑪（S. Jayakumar，當時擔任內政部長），呼籲「迅速起訴或釋放被捕者，並應進行公開審判以符合國際標準」。[10]

影響新加坡與雷根政府關係的第二起重大事件，是一九八八年五月新加坡政府要求美國政府撤回美國外交官亨德里克森（Mason Hendrickson），理由是他「（安排）與心懷不滿的律師會談以攻擊新加坡政府，並煽動他們參

8 "Toast by Prime Minister Lee Kuan Yew at the Dinner Hosted by President and Mrs Reagan on 8 Oct 85 at the White House," National Archives of Singapore, October 8, 1985, www.nas.gov.sg/archivesonline/data/pdfdoc/lky19851008c.pdf.

9 "Transcript of an Interview with Prime Minister Lee Kuan Yew by Mr Louis Kraar, Asian Editor of the 'Fortune' Magazine on 23 November 1984 at the Istana Annexe," National Archives of Singapore, November 23, 1984, www.nas.gov.sg/archivesonline/speeches/record-details/742325ea-115d-11e3-83d5-0050568939ad.

10 "Congressmen Concerned over Arrests," *Straits Times*, July 4, 1987, https://ere-sources.nlb.gov.sg/newspapers/Digitised/Article/straitstimes19870704-1.2.41.2.1.

加選舉以反對政府」，從而「介入新加坡的國內政治」。亨德里克森甚至在一次會議上暗示，他能為他們的競選活動募資。[11]。以任何標準看，這個要求都是一件嚴重的事。事實上，新加坡提出這種要求確實很罕見。

要求撤換美國外交官的呼籲，引發了美新關係的危機。美國堅稱亨德里克森沒有做錯事，並要求新加坡從駐華盛頓大使館撤回與亨德里克森同一等級的外交官蔡艾伯（Robert Chua）。當時擔任副總理兼新加坡全國職工總會（NTUC）祕書長的王鼎昌（Ong Teng Cheong）帶領一場有四千人參加的工會集會，抗議外國干涉新加坡。[12]他在集會上說：「亨德里克森事件證實了我們對美國官僚體系的評價——狡猾、傲慢、混亂和不值得信任。」他聲稱，美國要求撤回蔡艾伯的報復行動「既幼稚且有辱超級大國的地位」。集會結束後，工會成員在巴士駛過美國大使館時高喊抗議口號。[13]

新加坡駐華盛頓大使許通美和我（當時擔任新加坡駐聯合國大使）都被召回新加坡，以協助國家應對危機。經過國會激烈辯論亨德里克森事件四天後，李光耀於一九八八年六月一日在新加坡國會演說時表示，他決定召回許通美和我，「以解釋並協助我了解，他們認為美國官員為什麼這麼做」，他對美國的干涉感到費解、疑惑和不知所措。[14]他在演講中提議，任命一個由國際法專家組成的中立委員會，來決定亨德里克森是否確實干涉了新加坡內政，並表示如果該委員會做出有利於亨德里克森的決議，他將向美國國務院道歉。不過，美國並沒有採納他的建議。

我在這一事件中與李光耀交談的時間，比我過去與他交談的任何時期都多。一九八八年時，他已經六十五歲。他自一九五九年起擔任總理，已

---

11 "Singapore Government Press Statement," Release No. 14, National Archives of Singapore, May 7, 1988, www.nas.gov.sg/archivesonline/data/pdfdoc/831-1988-05-07.pdf.

12 "4,000 ProtestagainstUS Interference," *Straits Times*, May 12,1988, https://eresources.nlb.gov.sg/newspapers/Digitised/Article/straitstimes19880512-1.2.27.4.

13 Kenneth Whiting, "Singapore Protests U.S. 'Interference' after Diplomat Withdrawn," Associated Press, May 12, 1988.

14 Parliamentary Debates, Singapore Official Report, Sixth Parliament, June 1, 1988, https://sprs.parl.gov.sg/search/#/report?sittingdate=1-6-1988.

經將近三十年。對一個政治人物來說，他可能正處於巔峰期。他在新加坡的權力沒有人能挑戰，因為他的所有同輩都已離職。此外，他的國際地位也達到了前所未有的高度。當時看他的政治操作，就好像在看老虎伍茲（Tiger Woods）或費德勒（Roger Federer）最巔峰時的表現。

新加坡歷史的重要缺頁之一是，李光耀做為國內政治人物和國際政治家的非凡技巧，並未得到適當的研究。這在他有生之年不可能辦到，因為他是一個壓倒性的、令人生畏的存在。從他離開政治舞臺並於二〇一五年過世以來，還沒有人編寫過完整的新加坡政治史。其結果是，許多新加坡年輕人並不知道李光耀是多麼了不起的領導人。

彌補這個缺陷的一個務實方法是，借用美國人學習領導的形式：案例研究。例如哈佛商學院和哈佛甘迺迪政府學院（HKS）就有很好的案例研究，記錄了美國機構中如何經常展現出非凡的領導力。新加坡應該就亨德里克森事件進行類似的案例研究。

我從這起事件學到的教訓之一（特別是從我參與該事件後）是，李光耀在發啟一項政治倡議時總是有多重目標。我可以看出，他是一位技藝高超的政治魔術師。這就是為什麼我認為李光耀絕對是迄今為止我接觸過最偉大的政治家。如果有人寫出一部全面的新加坡政治史，他很可能是歷來最偉大的政治家之一。由於我將討論到他在亨德里克森事件的多重目標，我必須先強調，他從未直接告訴我這些目標，而是我自己（有時是在多年以後）經過仔細分析和反思他的作為所體悟出來的。

李光耀擅長處理複雜的事務。表面上他只有兩個明顯的目標，第一個是依國際法捍衛新加坡的主權。根據美國和新加坡都批准的《維也納外交關係公約》第四十一條，外交人員「有義務不干涉該國的內政」。[15]第二個目的是表現出新加坡做為一個小國，並不害怕與美國這樣的大國對抗。許通美向我證實，「李光耀利用亨德里克森案向世界展現，新加坡不是美國的盟友或走

---

15 International Law Commission, Vienna Convention on Diplomatic Relations, April 18, 1961, p. 13, https://legal.un.org/ilc/texts/instruments/english/conventions/9_1_1961.pdf.

狗。在國會長達一週的辯論，以及王鼎昌前往美國大使館的抗議遊行，都是史無前例的。」亨德里克森事件在這兩個層面都是真實存在的。

然而，在表面之下，此一事件的許多其他面向也同樣重要。當小國的領導人對抗大國時，往往被視為大衛與歌利亞之戰，所有讚美都歸於大衛，而不是歌利亞。李光耀在新加坡原本就很高的政治地位，得到了進一步的提升，更加無可挑戰。為什麼這很重要？當時是一九八八年，新加坡的政治交接即將來臨：兩年後，吳作棟將成為總理，李顯龍（李光耀之子）將出任副總理。（在新加坡，是由總統來任命國會中占多數席位政黨的領導人為總理。從實際運作上說，這意味著總理是由其同儕所選出。）政治繼承本來就充滿算計。為了確保一切順利，每個人都必須了解李光耀的意志是無法阻擋的。亨德里克森事件強化了這一點。

同樣重要的是，新加坡是夾在印尼和馬來西亞兩個鄰國間的小國。從有人類歷史以來，較大的鄰國都試圖將自己的意志強加於較小的鄰國。根據國際關係現實主義學派的觀點，馬來西亞和印尼試圖強加意志於新加坡是完全合理的。然而李光耀和新加坡成功抵禦了叢林中最強大的獅子，也就是像美國這樣更強大的大國，大大減少了其他掠奪者霸凌新加坡的誘惑。簡單地說，李光耀透過對抗美國，明顯地擴大了新加坡對應其鄰國的地緣政治空間。當然，這些都沒有公開表達出來，但我相信這是該事件背後策略的一部分。

然而，儘管新加坡公眾和新加坡的鄰國都看到了勇敢的大衛對抗歌利亞，但他們並不知道歌利亞（美國）原本就沒有壓制大衛（新加坡）的理由。相反地，美國希望新加坡保持強大。為什麼？更大的地緣政治背景是冷戰。美國仍然全神貫注於蘇聯，而新加坡在這場鬥爭中發揮了很大的作用。因此，雖然李光耀冒著與美國對抗的風險，他私底下計算過，這個風險很小。

李光耀在華盛頓特區有堅強的好友網絡，包括（如先前提到的）雷根、舒茲和季辛吉（在幕後仍有影響力），他們能向美國政府保證李光耀絕非天生反美。美國領導人足夠精明，能明白李光耀驅逐亨德里克森是出於國內政治因素。因此，正如李光耀所預料，雷根政府對新加坡的舉動並未做出強烈反應，儘管這是對美國的侮辱。要求撤回蔡艾伯只是象徵性的報復。

李光耀告訴許通美和我，他把我們召回新加坡，是為了幫助他了解為何美國認為應該嘗試改善新加坡的政治體制。我們給他的答案是顯而易見的：美國人認為他們有傳播民主價值的道德責任。他們也相信民主制度可以創造更好的社會。當美國試圖藉由讓亨德里克森鼓勵不滿的律師參加選舉來改善新加坡的民主結構時，它對新加坡所做的就像它對其他許多國家所做的一樣。這類行動顯然並非單獨針對新加坡。

能花很多時間與李光耀討論美國政治和世界情勢真的很榮幸。李光耀聽我們說話時，態度熱情且親切。我對許通美和我坐在李光耀總統府辦公室辦公桌前的情景仍然保留鮮明的記憶。我們一度討論到美國支持新聞自由的原因。在討論中，我記得冒了一點小小的風險，當時我暗示美國人有理由認為《海峽時報》更像是蘇聯的《真理報》（*Pravda*）和《消息報》（*Izvestia*），而不是美國的《紐約時報》或《華盛頓郵報》。他原本可以做出憤怒的反應，但他只是傾聽和微笑。

這是我了解李光耀的重要祕密之一。雖然他對公眾批評的反應是不以為然（且經常強烈反駁），但私下他是很好的傾聽者。因此，雖然他不會喜歡聽到《海峽時報》被視為政府報紙的暗示，但他渴望了解外界如何看待新加坡。他從來就不希望我們在私下討論中粉飾負面的回饋。他很堅強和自信，足以承受聽到所有真話。

與李光耀的這些談話更難得的是，這是在我接受人民行動黨選拔過程的面談被他嚴厲斥責後不到一年發生的。由於這兩次會面相距不久，我得以看到他的兩個面向。他既可以凶狠而令人生畏，也可以溫暖而親切。這些經驗讓我想起一九七〇年至一九八八年擔任新加坡國會議長的楊錦成（Yeoh Ghim Seng）曾私下告訴我的故事。

楊教授晚年罹患癌症，他的願望之一就是去紐約看看。他的女兒楊素瓊滿足了他的願望，把他帶到紐約，讓我在一九八〇年代得以遇見他。在那裡，楊教授描述他年輕時（可能是一九六〇年代初）認識的李光耀。他說李光耀熱愛交友聚會，喜歡晚上與他的政治同僚喝酒交際。但他也是嚴格遵守紀律的人。楊教授表示，如果他在聚會後的第二天早上見到李光耀，提到聚會就是禁忌。任何人想提及前一天晚上的飲酒作樂，就會看到李光耀充滿殺氣的眼神。玩歸玩，工作歸工作。

我在一九八〇年代漸漸認識李光耀時，從未見過他玩樂。那時候他已經放棄高爾夫（雖然他年輕時是一位很有實力的高爾夫球手）。相反地，我和他一起出差時，只看過他工作（儘管他勤於運動）。雖然他沉浸於自己的工作，但很明顯樂在其中。他熱愛地緣政治遊戲，日以繼夜地吸收訊息，以便能夠掌握局勢的最新動態。

我不應該讓人留下我花很多時間和李光耀在一起的印象。我在本章花很多篇幅談他，只是想解釋我從他身上直接或間接學到很多東西。另一方面，令人遺憾的是，關於李光耀的書寫很少能捕捉到他深不可測的政治天才。因此，我希望自己的一些觀察能激發人們的興趣，去了解這位為塑造新加坡的未來做出巨大貢獻的傑出人物。能與他共度時光真是一大榮幸，即使我不時受到他的言語攻擊。

他總是像一個嚴厲的監工。前公務員（和一些政治人物）有時候會交換我們在工作過程中如何被李光耀「毆打」的故事。在我們這一代中，說「我曾被李光耀毆打……」這句話甚至成為一種榮譽勛章。無疑地，李光耀在羞辱一個人時可以非常殘酷，我親身經歷過幾次。但他並不心胸狹窄，也不記仇。當工作完成、責罵結束後，生活就會恢復正常。

隨著我對他的了解加深，我開始發現在與他交手時我有一個小小的競爭優勢。大多數新加坡人都不願意當他的面有話直說。出於不可知的原因，我從來不猶豫這麼做。我記得在總統府參加過一些晚宴，我會坐在餐桌的末尾，因為我是屋子裡資歷最淺的人。談話展開後，外賓就會熱烈地加入。餐桌上的大多數新加坡人都會明智而謹慎地保持沉默。愚蠢的是，我會加入對話。

現在回想起來，我仍然不確定我為什麼有信心這麼做。是我接受的哲學訓練教我要對正在討論的任何主題提出問題嗎？是我的外交訓練教我要在任何情況下與任何人交談嗎？考慮到我的童年背景，和我所經歷的貧困與功能失調的家庭，自信心是我最不可能發展出來的特質。然而在我十八歲進入大學時，我已經養成敢於發聲的信心。是天性還是後天培養？簡單的答案是我不知道。我只知道我很幸運能養成這種信心。

我心理自信的另一個原因是，我與新加坡另外兩位重要的開國元勛建立了密切的關係，即吳慶瑞和拉惹勒南。多年來我和他們進行過許多深入的對談，他們似乎總是對我的觀點很感興趣，這讓我覺得自己能說些有意義的話。他們兩人的性格截然不同。吳博士和李光耀一樣，是一個令人敬畏且強勢的人物。他可以變得粗暴、嚴厲、嚇人。相較之下，拉惹勒南是一個「溫柔」的存在，他的嘴角始終掛著微笑，更重要的是，他的眼中也帶著笑意。我們很少會覺得被他嚇到。

儘管吳博士可能粗暴而令人生畏，但我能夠看到他「柔和」的一面，因為我經常和他、他兒子吳建志和他媳婦陳淑珊一起參加晚宴或社交活動。我和吳博士熟識到可以邀請他參加我與安妮在一九八五年三月於紐澤西舉行的婚禮。當吳博士在一九八〇年代中期訪問紐約時，我還與他愉快地共進一對一的午餐。

一九八四年至一九八八年，拉惹勒南每年九月都會來紐約參加聯合國大會開幕式，我在紐約與他有過多次談話。我們坦誠地討論許多主題，包括他的內閣成員。由於他是道地的愛書迷，每次來紐約都會買很多書，我曾問他李光耀都讀些什麼書。他大笑道：「李光耀不讀書，他只看雜誌。」事實上，李光耀閱讀很多當代期刊和報紙，總是很了解世界的最新動態。

唯一與我坦誠談論李光耀的另一位部長是丹那巴南。他也會來紐約參加聯合國大會的會議。在其中一次這樣的出訪中，我們開車前往康乃狄克州參觀耶魯大學。當我們漫步在耶魯大學神聖的校園時，他問我是否可以為李光耀安排幾個月或幾年的耶魯大學獎學金。我問他為什麼。他回答說，只要李光耀在新加坡並積極參與政治，第二代領導人就永遠不知道他們是否有能力在沒有李光耀的情況下管理新加坡。這是一個勇敢而有洞見的評論。

顯然，我在一九八四年八月出任新加坡駐聯合國大使，提升了我在這些新加坡領導人眼中的社會和知識地位。即使是與我討論有關新加坡政治的敏感話題，他們也感到很自在。公平地說，吳慶瑞很早就表現出這種坦誠。我記得一九八一年十月三十一日，惹耶勒南（J. B. Jeyaretnam）在安森（Anson）

選區的補選中意外打敗人民行動黨候選人後不久，我與吳慶瑞共進晚餐。他問我政府將如何在國會中處理惹耶勒南先生。我回答說，我母親告訴我，李光耀會全力「打壓」惹耶勒南先生。吳慶瑞聽後哈哈大笑：「你母親很了解政治。這正是哈利會做的事。」事實上，後來正是如此。

吳慶瑞也會毫不猶豫地貶損他不尊重的部長。有一次，吳慶瑞提到一位在內閣工作幾十年的部長時對我說：「你知道他的工作是什麼嗎？」我說我不知道。他以他一貫的直率告訴我：「如果我們讓他脫下褲子坐在熱爐子上，他也會這麼做。」這是他在向我暗示，這位部長在內閣中不是有分量的人，只是在政治上有用處。

有些新加坡人可能對這種坦率的揭露感到不滿，畢竟那些人都曾以不同方式光榮地為新加坡服務。但對新加坡人來說，最重要的是必須知道，新加坡能獲致非凡的成功，正是因為其開國元勳對人和情勢的分析極其冷靜務實，甚至幾近殘酷。他們絕不是心軟的人，而且會完全鄙視今日席捲西方政壇的政治正確文化。他們是堅持把鏟子稱為「該死的鏟子」那種人。他們不拐彎抹角，他們相信如果新加坡領導人自欺欺人，新加坡就會遭受苦難。他們只對冷硬的事實感興趣。

在我三十二歲到四十二歲的十年裡，我與李光耀、吳慶瑞和拉惹勒南這三位開國元勛的多次密切接觸改變了我的生活。他們從根本上顛覆了我的世界觀。我從一個被吳慶瑞趕出辦公室的「和平主義者」，變成了一個「頑固的現實主義者」，把國際事務的世界視為一片叢林。對新加坡這樣的小國來說，耽溺於理想主義的幻想，可能是致命的。

二、三十年後，我開始寫書時，書中的許多想法都是我有意識或無意識地從這三位開國元勛那裡學到的。從他們身上，我學到地緣政治是一門藝術，而非科學。但他們也遵循一些重要的原則。做為一個小國，新加坡的主要目標始終是在它與兩個最大的鄰國馬來西亞和印尼間，創造更多地緣政治空間。這將有助於確保我們不被它們欺凌，以及我們可以採取與它們不同的獨立外交政策立場，例如邀請以色列總統訪問新加坡。為此，我們必須做到特別良好的國內治理，而我們也確實做到了。此外，我們必須和對我們地區很重要的大國建立更密切的關係。在一九八〇年代，美國顯然是我們鄰近地區的主導力量。因此，儘管我們與美國的關係有起有落，但始終比我們與任何鄰國的關係都親近。

理論上，做為一個小國，新加坡應堅決捍衛《聯合國憲章》的根本原則，即大國不應入侵或占領鄰近的小國。事實上，這正是我擔任駐聯合國大使所做的事。不過，吳慶瑞對這些國際法原則沒有信心。他認為權力比原則更重要。事實上，吳慶瑞最偉大的成就之一是把新加坡武裝部隊打造成東南亞最強大的軍事力量之一。

一九八〇年代是新加坡成長的關鍵十年。我們的國內生產毛額（GDP）從一九八〇年的一一九億美元，增加到一九九〇年的三六一．四億美元。[16] 由於我從一九八二年到一九八四年派駐在華盛頓特區，一九八四年至一九八九年又派駐在紐約，所以沒有親身經歷這十年的成長。然而安妮和我很清楚，由於新加坡發展得很快，如果我們想在那裡購買房產，就得把握時機。一九八七年一月，我們返回新加坡五週，進行官方述職，並帶著六個月大的兒子一起度假，同時也開始積極尋找房子。幸運的是，我遇見兒時的信德人朋友拉米許・（潘喬）・基爾帕拉尼（Ramesh (Pancho) Kirpalani），他父親是一九五〇年代我父親在高街的老闆之一。潘喬住在福蘭克住宅區（Frankel Estate），他告訴我們，他的鄰居古爾查蘭・辛格（Gurcharan Singh）想賣掉房子。由於他的要價剛好是我們的最高預算，我們想馬上買下來。但潘喬堅持要殺低價格，在他的協助下，我們最後支付的費用比預算少了一〇%。事實證明，那是我們這輩子最划算的投資。到二〇二二年時，這棟房子的價值已遠遠超過我們一九八七年支付的價格。

我們在新加坡買房子時攀爬的房地產階梯，也是我這一代許多新加坡人的經歷。事實上，我的一些朋友和同學也在一九八〇年代和一九九〇年代買了房地產。我們都很幸運能在合適的時間點購買房產。

16 World Bank, "GDP (current US$)— Singapore," accessed February 6, 2024, https://data.worldbank.org/indicator/NY.GDP.MKTP.CD?locations=SG.data.

在一九八〇年代即將結束的時候，我應該要對自己的人生感到幸福和滿足。那個十年雖以痛苦的離婚開始，卻以我擁有幸福的婚姻和兩個可愛的孩子結束：我們的女兒席拉（Shelagh）在一九八八年誕生於紐約。我的事業蒸蒸日上，我在公務員階梯上多次獲得升遷。

表面上，一切看起來風平浪靜，但我再一次開始覺得我的職業生涯可能已經達到頂峰。我的許多東協大使同僚在被派駐紐約後都繼續擔任更重要的職位。相較之下，我在一九八九年一月離開紐約並被任命為外交部副常任祕書長（DS），顯然不是一次晉升。我的上司，常任祕書長陳海泉，和我同年。事實上，我們在同一年獲得總統獎學金，並且都以一等榮譽的成績從新加坡國立大學畢業。儘管我們同齡，但他從一九八三年起就已經（以優異的成績）擔任常任祕書。相較之下，當我在六年後的一九八九年初回國時，並沒有任何跡象顯示出我會很快被任命為常任祕書長。

從紐約搬回新加坡是一次痛苦的經歷。外交部在協助家庭搬遷上仍然不太擅長。安妮和我帶著十八個月大的兒子和六個月大的女兒回家。我們不夠聰明，沒有先搬進旅館住幾天以便更容易度過這段期間，反而是直接搬進福蘭克住宅區的家。那裡原本應該有基本的家具，而且前任房客離開後應該已經打掃過。但我們抵達時，家裡甚至沒有冰箱，而且地板上留著髒抹布，有許多蟑螂在四周爬行。那段期間我很忙碌，但三十年後，我最深刻的記憶之一是我從東海岸路一家航髒的商店購買一臺當天交貨的二手冰箱的痛苦經歷。我們花了好幾個月的時間，才讓房子變得適合居住。

一九八四年我剛到紐約任職時，對自己獲得非比尋常的晉升感到很得意。相比之下，一九八九年初回國時卻有點沮喪，我的前途看起來不怎麼光明。幸運的是，後來證明我的擔心是多餘的。

第九章——執行長的快意生活

一九八八年九月十三日，黃根成（Wong Kan Seng）接替丹那巴南出任外交部長。儘管丹那巴南在一九八〇年至一九八八年擔任外交部長期間一直很支持我，但我與黃根成更為熟識，因為當年我們都是經常搭乘公車到新加坡國立大學武吉知馬校區上學的貧困大學生。我們常在擁擠的公車上，一手抓著公車拉環，熱烈地辯論和討論。我們學習不同的科目——他學英國文學——但我們之間有著深厚的連繫。

我還在楊榮文一九八八年九月到一九九〇年十一月擔任外交部政務部長期間認識了他。他比我小六歲，被普遍認為是一顆新星。當我與楊榮文在一九八九年九月一起前往貝爾格勒（Belgrade）參加不結盟運動高峰會（當時南斯拉夫還未解體）時，我才明白他為何如此特別。

訪問貝爾格勒期間，我們在導遊帶領下參觀旅遊景點。這位當地導遊帶我們參觀了一些城牆，並向我們解釋中世紀的匈牙利王國在十五世紀時如何抵禦奧圖曼帝國。導遊對這段歷史感到非常自豪。但當導遊說完歷史介紹後，楊榮文立即接著敘述這個故事，並提供更多關於這段時期的細節。我還記得當地導遊臉上的表情。看到一個外國人對自己國家的歷史如此了解，他驚訝得下巴都快掉下來了。我很訝異工程師出身的楊榮文對歷史有如此深刻的了解。這初次的相遇是我們終身友誼的開始，在接下來的數十年裡，我們的路徑多次交會。後來他也曾任命我擔任公務員學院（CSC）的創始院長。

一九九〇年也是對新加坡很重要的一年，因為它見證了十一月二十八日從李光耀交棒給新總理吳作棟的轉型。那是一九六五年新加坡獨立以來，李光耀連任多屆總理後的首次總理職位交棒。李光耀的卸任標誌著新加坡建國後第一代領導人的權力傳遞：該是把棒子交給新世代的時候了。值得注意的是，當時的政治氛圍十分平靜，人們普遍認為新加坡將繼續把政治穩定列為第一要務。因此，改變並不大。

也許是因為政治局勢如此平靜，加上新加坡國內經濟開始穩步成長，國外冷戰緊張局勢也已結束，所以我在一九九一年至一九九二年成功（有點不尋常地）向新加坡公共服務委員會申請並獲得「學術休假」。經過一番研究後，我發現哈佛大學國際事務中心（CFIA）開了一門課程。該中心鼓勵外交官在職涯中來哈佛學習一年。學費和生活費都很高，但該中心不提供任何財務支持。由於安妮和我們的三個孩子陪我去哈佛，這一年對我們來說是很昂貴的一年，儘管我仍然可以領薪俸。這門課程成了哈佛的「搖錢樹」。在哈佛學習的一年裡，CFIA的研究員可以修習任何課程，只要教授同意。除了偶爾為研究員舉辦研討會，該中心基本上不干涉研究員的研究，但它確實舉辦了兩次海外旅行：一次前往加拿大，一次前往布魯塞爾與歐盟官員會面。

三十年後，我仍然對在哈佛一年的經歷有矛盾的感覺。一方面，我對哈佛社群的極度傲慢很反感。儘管CFIA的課程承諾讓研究員接觸哈佛的教授，但在這方面甚少提供協助。我決定寫一本有關日本的專著，因此我請求與一位日本研究領域的頂尖教授法爾（Susan J. Pharr）會面。我在九月提出這個要求，兩個月後的十一月才終於獲得約見。到了約定的日期，我在下午三點四十五分抵達她的辦公室，比預定的下午四點早了十五分鐘。我一直在等待。如果沒記錯的話，我是在四點二十分進入她辦公室。我開始向她解釋我的日本專著計畫。還沒等我解釋完，她就看了看手表，時間是四點三十分，然後說她還有另一個約會。經過兩個月的等待，我沒有從她那裡得到任何東西。

我發現我不是唯一遭遇這種輕蔑態度的人。一位年輕的美國記者馬可斯．布勞奇利（Marcus Brauchli）在《華爾街日報》的研究休假期間，以尼曼獎學金（NiemanFellowship）研究員的身分來這裡研習一年。他請求會見後來擔任柯林頓政府勞工部長的萊許（Robert Reich）。當馬可斯連絡萊許的祕書時，他最初得到的答覆和我一樣：他必須等兩個月才能見到萊許。不過，馬可斯的反應比我快。他立即告訴祕書，一旦完成尼曼獎學金，他將成為《華爾街日報》駐香港的亞洲特派員。祕書盡責地傳達了這個訊息，馬可斯第二天就獲得了與萊許會面的預約。他和萊許談了整整一個小時。

我們的經驗對比道盡一切。它顯示了記者在美國體制內擁有的權力，甚至只是年輕記者。理論上，前駐聯合國大使應該享有一定的聲望，我的經歷應該會引起人們的興趣，但這對哈佛大學的教授來說毫無意義，他們知道把自己的想法傳達給美國媒體更重要。其次，我發現研究員在哈佛社群裡什麼都不是。學生們定期與教授互動，當然教授也因為是社群成員而彼此友好。在此同時，研究員被夾在中間，基本上被視為一種麻煩。

一九九二年六月結束哈佛的課程後，我寫了一份極其誠實的報告，宣稱儘管CFIA的研究員支付與學生相同的費用（甚至更多），但他們沒有獲得與教師或哈佛社群接觸的特殊權利。我還暗示，許多CFIA研究員都很清楚這種為期一年的「研究」基本上毫無用處，他們只得到了一年的休息和放鬆。理論上，研究員應該在研究結束時提交一篇論文，但據我所知，沒有人閱讀或關注這些論文。我的坦率最終證明是犯了一個大錯，因為新加坡公共服務委員會把 CFIA 的課程從公務員職涯中期課程清單中移除。我的一些同僚向我抱怨，說我毀了其他新加坡公務員利用該課程的機會。

回想起來，寫這種負面報告是一種戰術錯誤。那篇文章是在課程結束後立即寫的，當時我對課程感到失望的感覺可能最強烈。後來我才意識到，在哈佛的這一年，帶來了許多長期的收益。與當年大多數 CFIA 研究員不同，我嘗試盡可能發表更多文章，並把 CFIA 的年終論文變成在《外交政策》（*Foreign Policy*）雜誌上發表的論文。一九九二年秋季，我在該雜誌發表一篇以〈漂流的日本〉為題的論文。此外，我也發表另外兩篇文章，分別是一九九二年《國家利益》（*The National Interest*）夏季刊的〈西方與其他國家〉，以及一九九三年在《衝突與恐怖主義研究》（*Studies in Conflict & Terrorism*）發表的〈波布：道德正確悖論〉（Pol Pot: The Paradox of Moral Correctness）。回顧過去，我的寫作生涯可能從在哈佛那一年的放鬆閱讀和省思中獲得重大的躍進。同樣重要的是，我在哈佛期間，正值西方歷史的關鍵轉折點：蘇聯在一九九一年十二月二十五日轟然崩垮。這自然導致了勝利主義者的聲勢高漲，並以福山（Fukuyama）在兩年前發表的文章〈歷史的終結？〉（The End of History?）做為最好的詮釋。

許多哈佛頂尖學者當時深信，蘇聯解體後，西方的主導地位將不受挑戰。他們無法考慮其他可能性。當時哈佛大學的領導人物之一是著名的歐洲研究學者霍夫曼（Stanley Hoffmann）。他是個好人，但當我提出二十一世紀（當時只差九年）將是亞洲世紀時，他勃然大怒。我很感激他強烈的負面反應，因為這堅定了我繼續書寫亞洲復興的決心。也許這本回憶錄的第一顆種子是在哈佛播下的。

在個人層面上，儘管我與法爾有過不好的經驗，但我與一些真正傑出的哈佛教授建立了密切的友誼，包括杭廷頓（Samuel Huntington）、馬若德（Roderick MacFarquhar）、奈伊（Joseph Nye）和傅高義（Ezra Vogel），他們後來都曾到新加坡探望我。我還認識了札卡瑞亞（Fareed Zakaria），當時他還是哈佛大學的年輕博士生，後來才因擔任有線電視新聞網（CNN）的《札卡瑞亞 GPS》節目主持人而出名。總之，我在哈佛期間結識了一些終身的朋友，也建立了一些關係。十二年後，當我在二〇〇四年接任李光耀公共政策學院的創始院長時，我在哈佛獲得的所有知識和人脈都證明大有用處。在那時候，我更加確定在哈佛研究的一年對我來說彌足珍貴。

儘管如此，當我從哈佛返回新加坡時，還是懷著一種不祥的預感。我知道我將回國以四十二歲的年齡擔任外交部副常任祕書，而我的許多同儕當時已擔任常任祕書。顯然我在這群人中是落後者。據我所知，我沒有明確的晉升前景。

另一方面，我接收到許多其他訊息，顯示我的個人貢獻被認為是有價值的，尤其是我的學術研究貢獻。吳作棟的新政府想展現它在國際事務上並不完全依賴第一代領導人。不難理解，新政府希望培養自己的專業知識和理解。因此，我應總理的邀請召集聰明的年輕公務員和學者，成立一個集思廣益的小組，以研究後冷戰時代的世界前景。我主持了這個充滿活力的小組，其中包括尚達曼、張志賢和林勛強等嶄露頭角的公務員，以及陳光炎（Tan Kong Yam）等才智過人的學者。

我們的討論十分精采。如果有人祕密錄音或記錄我們的談話，他們會對討論的品質印象深刻。事實上，在討論結束時，我們透過該小組的官方召集單位——政策研究所（IPS），向吳總理提交了一、兩份報告。這些報告不包含任何機密資訊，而是根據當時最可靠的公共知識，對未來進行評估。不過，由於新加坡根深蒂固的保密文化，這類報告即使在二、三十年後也從未發表過。也許新加坡可以考慮現在是不是公布它們的時候了。這些報告將讓年輕一輩的新加坡人了解上一代人為未來做了多審慎的準備——這也是為什麼年輕一代得以繼承一個穩定和安全的國家。二〇二〇年代很可能像一九九〇年代那樣充滿不確定性，因為我們正進入單極時代的尾聲，因此了解前幾代新加坡人如何因應劇變，可能會對當前和未來產生嶄新且迫切的意義。

擔任這個引人注目的團體的主席，也讓我直接體驗到新加坡治理文化的另一個關鍵特徵。在討論結束，我們提交報告後，我以為自己的工作已經結束。然而，我發現還有更重要的事得做。公務員部門的首長叫我到他的辦公室私下討論。他告訴我，政府希望我針對這次集思廣益活動的所有參與者做

「潛力」排名。我盡職地這麼做了，儘管這是一件困難的工作，因為小組中有許多才華橫溢的人。我把尚達曼列為這個小組的第一名。我很高興我的評估隨著時間得到了驗證。

我開始建立起「學術型」公務員的聲譽，部分原因是我積極參與政策研究所等智庫、經常寫作，以及在哈佛待了一年。一九九二年，楊榮文邀請我擔任公務員學院的創始院長。起初，我對這項任命感到困惑。自從一九七一年四月加入公務員部門以來，我只在外交部任職過，完全沒有在國內公務部門的經驗。所以一開始我推辭了這項邀請。不過，楊榮文堅持我可以做好這個工作。

接下來發生的事讓我徹底感到震驚。我遭遇一些政治攻擊。由於我最熟悉的第一代部長之一是吳慶瑞，而且他對新加坡的治理曾做出重大貢獻，所以我針對這項任命去請教他的意見。到了一九九二年，吳博士已從所有官方職位退休，只擔任東亞政治經濟研究所（今日的東亞研究所［EAI］）所長，不過他仍然有政治影響力。二〇二三年五月，我訪問香港時，從一九九〇年代初曾與EAI有連繫的貝淡寧（Daniel Bell）那裡得知，吳博士在一九九〇年代與李光耀會每週定期共進午餐。吳博士總是形容李光耀是個聰明絕頂的人。所以當時李光耀和吳博士還未失和，兩人仍然保持良好的關係。

當吳博士堅定地建議我拒絕公務員學院院長的任命時，我感到很驚訝。他的主要論點之一是公務員委員會只能執行政治領袖的指示，無法培養獨立的政治認同和目的。由於吳博士被視為新加坡的政治巨頭之一，我別無選擇，只能向楊榮文報告他的看法。我相信這件事隨後已通報新加坡內閣。

為了這件事，我被召喚參加與楊榮文的另一次會議。他告訴我，儘管吳博士反對，政府還是決定讓我接受公務員學院院長的任命。他補充，當時負責公務員部門的副總理李顯龍會叫我去開會。在幾週後舉行的這次會議上，李副總理告訴我，由於吳博士反對，所以必須讓新加坡所有公務員都知道，我被任命為公務員學院院長得到新加坡政府的全力支持和祝福。李副總理告訴我，他將向所有公務員發出一封「書信體信件」（epistolary letter）。由於我對基督教知之甚少（雖然我妻子安妮是天主教徒），我對「書信體信件」

這個詞彙感到困惑。李副總理耐心地為我解釋了這個詞彙。無疑地，成為他「書信體信件」的主題，確實提升了我的地位。幸運的是，吳博士對我決定接受公務員學院的任命似乎並沒有太不滿。我們在一九九〇年代持續定期見面，我也繼續向他學習。

事實上，一九九一年我和安妮在家裡招待吳博士晚餐時，差點害死他。吳博士偕妻子潘瑞娘（Phua Swee Liang）於晚上七點抵達。食物大致已準備就緒，但因為安妮必須在晚上大約七點給賈馬特（Jhamat）餵母乳，所以我們先端上飲料並延遲了用餐時間。當時我們並不知道吳博士罹患糖尿病。他在過來赴晚餐之約前先注射了胰島素。根據醫囑，他必須在注射後馬上吃一些食物，而我們並不知道。由於延遲用餐，吳博士開始出現糖尿病發作的癲癇反應。幸好潘瑞娘知道知道該怎麼處理。她匆匆打開我們的冰箱，找到一些巧克力棒。她抓起它們放進他嘴裡，吳博士很快就恢復正常。安妮和我都因為這件事感到很內疚，所幸晚餐如常進行，沒有再發生任何意外。

我為新加坡政府所做的一切出色工作，最終讓我得以在一九九三年十月十五日被任命為外交部常任祕書。現在回顧當時，那顯然不是一個順利的過程，如果我沒有催促我的老闆黃根成，這件事可能不會發生。幸運的是，他是個好朋友。我不知道他是怎麼做到的，但他克服了這項任命的阻力。如果沒有他的果斷干預，我可能不會被任命為常任祕書。

任命之後，我也逐漸得知所有的阻力來自哪裡。當時，李顯龍副總理負責公務員部門。他指示管理公務員人力資源事務的公共服務單位，讓我看一些我之前的上司對我的負面評論。這些報告的篇幅還真不少。讓我感到震驚的是，當時有一條規定，要求高階官員有義務讓被他評估的公務員看年度機密報告中的所有負面評論。這是一條很明確的規定。我始終遵守這項規定，並把我寫的任何負面評論告訴我的下屬。然而，我的上級官員沒有一個讓我看有關我的任何負面評論。

李副總理特別確保這些評論是匿名的。我可以對它們的來源做有根據的揣測，但是無法完全確定。唯一告訴過我批評內容的上司是陳海泉，當時我擔任他的副祕書，他形容我是一個極度缺乏安全感的人。當然，我對這種描述很反感，但經過反思後，我了解到它有一定的道理。想想我童年經歷的所有貧窮、不確定和不安全感，加上我沒有特權背景，我的不安全感可能是正常的反應。這次經驗證實了我在大學心理哲學課程中學到的知識：自我覺知在本質上是很困難的。

這些不安全感隱藏在我十分自信——有時候甚至過度自信——的外在性格背後。是我的母親教會我如何隱藏我的不安全感。當我還是個孩子時，她告訴我和我的姊妹，即使我們很窮，也不能表現出來或抱怨貧窮。用她的話來說，「即使你感到飢餓，也不要表顯出來。把奶油塗在嘴脣上，然後微笑。」她也含蓄地說：「永遠不要當乞丐。」在我人生的大部分時間裡，都帶著深深的不安全感生活，但我臉上帶著微笑，就像嘴脣上塗著奶油，給人一切都很好的印象。

幾份有關我的報告證實了我的另一個特點是野心勃勃。我從未嘗試隱藏它，所以這不是什麼新發現。但在看到其他批評時，我不禁開始思考，我的野心是否也是一種防衛機制，用以對抗我成長過程中的貧窮。我是一個奮鬥者；從小就必須如此，才能供養我的母親。我從未失去這種本能，因為我不想再回到年幼時的貧窮狀態。從我讀到的負面報告來看，很顯然我的野心讓我的許多上司感到不滿。但如果沒有它，我永遠無法攀上人生的階梯。

由於出身貧寒，我也感到有一種深刻的道德義務必須照顧社會最底層的人，因為我來自那裡。成為常任祕書的第一天，我從位於萊佛士城（Raffles City）大樓三十八樓的辦公室，搭乘電梯到大多數官員所在的較低樓層（大約是六至十樓）。我決定去見見辦公室裡的每一個人，從高階官員到清潔工，從部門主管到文書職員。只要有機會，我都會感謝他們是這個團隊的一員。我可能是第一個這麼做的常任祕書。我決心要提升所有部屬的士氣。

同時，我知道我接手的是一個健康的組織，這讓我可以自由思考身為常任祕書能做出什麼改變。事實證明，這份工作是我做過最令人滿意的一份工作。我知道我在一些關鍵領域做出了重大貢獻。我參與的一些更複雜的談判因為過於敏感而至今尚未公開，例如與馬來西亞的水資源談判。

我在常任祕書任內最大膽的決定之一就是推動外交部門的大幅擴編。外交部的規模多年來一直保持穩定，但我內心深處覺得，隨著新加坡在經濟和社會上持續取得成功，國際間與新加坡互動的需求也將與日俱增。同樣顯而易見的是，培養優秀的外交官需要許多年的功夫，可能長達十年或更久。這些培養很少能在課堂上完成，年輕的外交官必須親赴火線，被派駐到海外。我從派駐吉隆坡和金邊的經驗中學到很多。事實上，我很驚訝地發現，一些原本靦腆、內向的年輕官員被派駐海外後，歸國時往往變成了自信、能說善道的外交官。這些轉變有時候極其明顯。

我決定把年度招募人數擴增為四倍，並且連續多年這麼做，因而導致新加坡外交部門大幅擴張。這些努力的回報在十年或十五年後（在我辭去常任祕書職務後）才顯現，但它們顯然有助於外交部承擔更重要的責任。當然我也遭到外交部無法如此迅速吸納這麼多新官員的批評，甚至說我大舉擴張組織證明我是個狂妄自大的人。幸運的是，時間驗證了我的決定是正確的。

除了把外交部打造成更強大的機構，我非常喜歡的另一部分工作是率領新加坡代表團參加東協資深官員會議（SOM）。儘管東協的正式決策都是在年度部長級會議上做的，但毫無疑問，大部分協議文件的艱苦談判都是在資深官員層級進行的。

任何想到外交官進行艱苦談判的人，可能會想像官員們擠在正式會議室討論幾個小時的情況。這確實發生過。但東協真正天才之處是一些棘手問題並不在會議桌上解決，而是在高爾夫球場上談成的。

吳作棟總理發起的重大外交倡議之一是提議召開亞歐會議（ASEM）。美國和歐洲之間的跨大西洋關係是透過北大西洋公約組織（NATO）等機制來保持運作。美國與亞洲之間的關係也已正式透過亞太經濟合作組織（APEC）來運作。缺失的環節是亞洲和歐洲之間的連繫。因此，吳總理的提議很有道理。遺憾的是，由於新加坡和馬來西亞的對立關係，這個由吳總理提出的倡議遭到馬哈迪首相反對。吳總理問我，是否可以透過與馬來西亞的對口官員丹斯里．卡米爾．賈法（Tan Sri Kamil Jaafar）交涉來解決這個問題。幸好我與丹斯里．卡米爾熟識，因為我們一起打高爾夫球，打完球還會一起喝啤酒。我以馬來語對丹斯里．卡米爾說「tolong」，意思是「幫忙」。

「幫幫我！除非馬來西亞同意參加這次亞歐會議，否則我無法升職。」丹斯里．卡米爾回應我：「馬凱碩，為了你，我會幫這個忙。」他去見馬哈迪首相，並說服他撤回對亞歐會議的反對。最終，亞歐會議於一九九六年在泰國舉行。

高爾夫運動在其他方面也對外交互動有幫助。我經常發現，評估一個人性格和誠信最好的方法，就是觀察他們在高爾夫球場上的表現。如果他們把球踢出長草區，或者在必須進洞時卻沒有完成最後推桿，我會立刻開始質疑他們的誠信。多年來，我發現我在高爾夫球場上所做的判斷，往往證明能正確評估一個人的性格。

一些困難的政治問題可以在我參加的資深官員會議上解決，其他問題只能在高峰會的層級解決。這類問題之一是新加坡努力想讓印度成為東協對話夥伴。印尼和馬來西亞很樂於接納印度，但也堅持對印度的傳統對手巴基斯坦抱持平等立場，並堅持兩國應同時加入。新加坡當然有顧慮，擔心兩國同時加入可能導致東協會議因為它們的傳統爭端而陷於癱瘓。

由於這件事無法在資深官員會議層級解決，最後被交到最高層級會議。這些峰會層級的討論在一九九五年十二月曼谷舉行的東協高峰會上進行。我是陪同吳總理出席這次會議的代表團成員之一。在他進入只限領導人參加的閉門會議前，我們向他簡要報告了這個問題。我記得我站在門外等他出來。門一打開，吳總理走出來，他遠遠地就看到我。他舉起手，豎起大拇指。這是個明確的手勢，表示他已成功地讓印度成為對話夥伴。

在亞歐會議這個問題上，馬來西亞最終同意把它當成東協倡議來推進，但我們仍然需要說服歐洲人參與。理論上，與新加坡關係最密切的歐盟國家是當時由首相梅傑（John Major）領導的英國。不過，我們感覺英國人反應並不熱烈。我們決定與法國合作。法國總統席哈克（Jacques Chirac）熱中於發展與亞洲的關係。一九九六年他在新加坡的一場演講中表示：「在明日的權力中心中，亞洲新興的權力中心無疑是所有人有目共睹的。」他指出，特別是日本、中國、印度和東協，可望在二十一世紀扮演關鍵角色。他主張歐洲必須確立自己做為亞洲主要合作夥伴的地位：「我們重新發現彼此的時刻到了。我們必須認識到我們已經發展成什麼模樣，以及我們能共同實現的一切。」[1]即使有法國的支持，我們仍得逐一拜訪所有歐洲首都，推銷亞歐會議。這個任務交給了我，所以我從都柏林走到柏林，從馬德里走到羅馬。這種沿門推銷術奏效了，最後所有歐洲國家都同意加入亞歐會議。

吳總理明智地決定，雖然亞歐會議是新加坡倡議的，但首屆高峰會不應在新加坡舉行。我們把它交給泰國。聰明的泰國記者鍾嘉濱（Kavi Chongkittavorn，後來擔任東協祕書長特別助理）曾敏銳地觀察到，每當新加坡提出一個好主意，泰國就會「懷上」這個主意。這顯然是一個良好的合作關係。因此，第一屆亞歐會議高峰會於一九九六年三月在曼谷舉行，大多數亞洲和歐洲領導人都出席了。可惜的是，東亞國家經歷一九九七年至一九九八年的亞洲金融危機後，歐洲國家對該區域的信心大幅下降，連帶也

1 Jayendra Menon, "Chirac: Europe Must Look at Asia with New Eyes," *Straits Times*, March 1, 1996, https://eresources.nlb.gov.sg/newspapers/Digitised/Article/straitstimes19960301-1.2.5.

對亞歐會議失去興趣；事實證明，他們只是東協的酒肉朋友。

除了亞歐會議，我參與的另一個高層夥伴關係是新加坡和澳洲的戰略夥伴關係。當時的澳洲總理是高瞻遠矚的基亭（Paul Keating），他深知澳洲的長期命運繫於與亞洲建立更緊密的關係。他也有一位堅強而充滿活力的外交兼貿易部長邁克．科斯特洛（Mike Costello）。邁克和我一起參加許多與東協有關的會議（例如東協區域論壇），因此成為朋友。我們的意氣相投有助於我們的談判。因此，我很高興能加入吳作棟總理的代表團，在一九九四年九月十二日至十五日赴坎培拉進行正式訪問。兩年後的一九九六年一月，當基亭訪問新加坡時，吳總理和基亭總理宣布了新加坡與澳洲的新夥伴關係。

我從所有這些（代表新加坡）向其他國家推銷外交倡議的努力中，得到一個重要的教訓：倡議的品質和實質內容很重要，但擁有良好的人際關係同樣重要，這樣才能有效推銷倡議。正如我與丹斯里．卡米爾的個人關係協助克服了馬來西亞最初對亞歐會議的反對，我與邁克的良好個人關係也有助於推動與澳洲的戰略夥伴關係。理論上，個人友誼不應納入國際關係的考量。

帕默斯頓勳爵（Lord Palmerston）有句名言說：「我們沒有永遠的盟友，也沒有永遠的敵人。我們的利益是永恆的、長遠的，遵循這些利益是我們的職責。」不過我長期的外交經驗證明，個人友誼能發揮巨大的作用。人就是人：信任是透過良好的人際互動建立起來的。

雖然與其他外交官交好很重要，但有時候與他們對抗也同樣重要。理論上，美國和歐洲外交官都屬於同一個「西方」陣營。然而，儘管美國人說話可能很直接和坦率，他們很少表現出文化上的優越感。相較之下，當我們在亞歐會議高峰會上討論「人權」議題時，我感受到了歐洲外交官的這種優越感。歐洲人在這些議題上說教的渴望是難以抑制的。這時候，我的哲學訓練就派上了用場。歐洲外交官道貌岸然的言論很容易暴露其虛偽與雙重標準。經過幾次不愉快的經驗後，歐洲人學會在與我們打交道時克制自己的說教。在這方面我也從李光耀身上學到了很多，他總是毫不遲疑地直面他的批評者。

在一九九〇年代初，新加坡在人權議題上主要是與美國人爭辯，而不是歐洲人。如今，眾所周知，一九九〇年代有兩個重大事件引發美國的新一波人權宣教浪潮。第一個事件是冷戰結束（使得薩伊和巴基斯坦等討厭的盟友變得可有可無）以及隨之而來的勝利精神。這種精神的最佳體現是「新美國世紀計畫」，該計畫宣稱美國是一個卓越的強國，可以並且應該期望在可預見的未來塑造世界。第二個事件是一九九一年十二月蘇聯解體後，柯林頓（Bill Clinton）於一九九二年十一月當選美國總統。

現在回想起來，一九九二年柯林頓當選一定讓李光耀感到難以接受。從一九八〇年十一月雷根當選以來的十多年，李先生透過與季辛吉和舒茲等共和黨「大老」的密切友誼，獲得直達白宮的特權。事實上，每當他前往美國並會見美國重要人士時，都被視為「來自亞洲的偉大智者」，備受尊崇和禮遇。一九九〇年代末，我接受百事公司執行長盧英德（Indra Nooyi）邀請，參加百事公司在俄羅斯聖彼得堡舉辦的會議時，我才發現老布希總統對李光耀有多尊敬。許多美國重要人物都出席了這場會議，包括老布希、季辛吉、布里辛斯基（Zbigniew Brzezinski）和杭廷頓。老布希接受英國傳奇廣播員弗羅斯特（David Frost）採訪。弗羅斯特問老布希，誰是他一生中遇過最令人印象深刻的領導人。老布希回答：「李光耀。」當我向李先生報告此事時，他欣喜不已。

從他擁有特殊且獨特的管道可以接觸世界上最有權勢的領導人，到不再有管道接近世界上最有權勢的領導人（甚至遭到冷落），一定讓他痛苦難當。不過，即使這讓他苦惱，他也從未顯露出來。他對這種事有一套因應的哲學。我可以很有自信地這麼說，因為他在一九九〇年代初（卸任總理後）決定邀請許通美、陳慶珠和我定期在總統府共進午餐。

我們三人都曾擔任駐紐約聯合國大使（許通美也曾在一九八四年至一九九〇年間擔任駐美大使）。李光耀很喜歡這些午餐時光，因為他可以從我們這裡得到坦率、不加修飾的回饋。我們每個人都以自己不同的方式被視為新加坡國內的「異議聲音」。

到了一九九〇年代初，李光耀已成為令人敬畏的人物。大多數新加坡人都對他畏懼有加，包括許多建制派高階官員。這並不難理解。他忍受不了愚蠢的人。任何發表愚蠢言論的人都會迅速受到尖刻的斥責。因此，只要他在場，許多人都會選擇閉嘴。但這剝奪了他需要和喜歡的回饋和智識投入。因此，他邀請我們在總統府二樓的圓形小房間裡享用這些親密的午餐。圓形的餐桌可以舒適地坐四到六人。菜單從來都不令人驚豔，菜餚幾乎都是西式的，因為李光耀避免吃豐盛的亞洲食物。他妻子總是盡力讓他保持健康。午餐通常在下午二點三十分或三點左右結束。

李光耀非常有好奇心，他會針對各種議題提出問題。如果我們說了他不同意的話，他不會勃然大怒。他很聰明，知道如果他因為聽了不順耳的觀點而生氣，就永遠得不到坦誠的回饋。因此，他幾乎總是極力鼓勵我們暢所欲言，尤其是關於美國的事——他對美國的了解比我們三人還少。

他在這些非正式午餐會的行為與在正式會議上截然不同，尤其是在新加坡公務員的會議。在正式會議上，如果他想表達明確的觀點，他會清晰而有力地表達。我記得在擔任外交部常任祕書時參加過一場會議，李光耀在會中詳細解釋新加坡為什麼決定幫助中國在上海西部的優美傳統城市蘇州建立一個工業園區。透過內線消息，我們聽說吳慶瑞不贊成這個決定。當時擔任新加坡經濟發展局局長的楊烈國（Philip Yeo）曾公開談論這件事，他說：「當李光耀宣布他們準備到蘇州時，吳慶瑞博士打電話給我。他說：『這個計畫一定會失敗，他們會找你求助。』他從一開始就反對這個想法。」[2]在這類已經做出重大決定的正式會議中，李光耀並不想聽不同的意見。

相較之下，在與我們三人共進非正式午餐時，李光耀顯得很放鬆，並對不同的觀點保持開放態度。許通美和陳慶珠都與我分享他們對這些午餐會的回憶。許通美寫道：「我對我們曾與李光耀國務資政共進午餐的時光有著非常愉快的回憶。與他的公眾形象相反，他實際上很善於聽取意見，願意傾聽別人的看法。我認為他很喜歡我們之間熱烈而真誠的意見交流。他也很有禮貌，總是堅持先上我們的餐點。」陳慶珠對這些午餐會的回憶則是：

---

2 Peh Shing Huei with Han Fook Kwang, *Neither Civil nor Servant: The Philip Yeo Story* (Singapore: Straits Times Press, 2016).

我們被帶到一個小房間。我不記得它位於總統府的哪個位置！我們不太確定這次午餐要談些什麼。談話由李光耀提出問題開始。在後來的其他午餐會中，我們比較放鬆了。我想許通美和馬凱碩偶爾會先開啟話題。我是菜鳥。我總是等這兩位經驗豐富的外交官先發言。我們談了很多有關美國的事情。蘇聯剛剛解體。李光耀嘗試思考「接下來該怎麼做？」大部分時間都是他在說話。我們吃得很簡單，每個人都表現出最好的餐桌禮儀。我從沒見過這麼大一籃水果——或者是一個盤子？李光耀會戴上他的外科手套。那是一種慎重的氛圍。我們三個人都很著迷地看著這個小動作。他解釋說，他的手指對水果皮過敏。我們都很好奇李光耀能吃多少水果！柯林頓已經當上美國總統。他對柯林頓很感興趣。他嘗試了解這個人。我記得是李光耀的支架手術讓這些午餐會停止了。

這些例行午餐的非正式性與正式會議的正式性恰成鮮明對比。

一九九四年我們曾討論新加坡應如何回應柯林頓總統向王鼎昌總統

發出的呼籲，要求不要對犯下破壞公物罪的美國青少年麥克・費伊（Michael Fay）施以鞭刑。費伊被判處鞭刑六下和四個月監禁。美國自由派媒體對美國公民可能遭到鞭打感到震驚。費伊的案件引發公眾注目。當時擔任新加坡駐美國大使的納丹表示，柯林頓在信中強調，他「尊重新加坡司法部門的能力，並相信美國人在海外必須尊重外國法律」。不過，基於費伊年輕、初犯和個人的情況，他呼籲減免費伊的鞭刑。[3]

會議在李光耀的辦公室舉行，有多位部長和公務員出席。李光耀的辦公室總是令人生畏。當門打開後，我們一走進他的房間，最先震懾我的是他散發的強大氣場。值得注意的是，自他二〇一五年三月去世以來，他的辦公室

3 Caught in the Middle over Michael Fay," *Straits Times*, September 18, 2011, www.straitstimes.com/politics/caught-in-the-middle-over-michael-fay.

一直是空的。我聽說李光耀一九九〇年卸任總理後，曾建議他的繼任者吳作棟使用他的辦公室，但吳作棟明智地婉拒了。

在討論麥克・費伊的會議上，我們自由交換接受或拒絕柯林頓總統呼籲的利弊。辯論結束後，李光耀總結所有觀點，然後表示，既然新加坡不能完全拒絕友好國家的總統，我們應該同意將鞭刑從六下減到四下。我做出了衝動的反應，說出第一個閃入我腦海的念頭：「把六下減到四下會被視為一種侮辱，因為這表示柯林頓的呼籲只值兩下。」李光耀的回應是瞪我一眼。當時所有人都知道，這個決定已經定下來了。

儘管柯林頓提出呼籲，新加坡仍決定維持鞭刑，這個決定後來證明是明智的。表面上看，新加坡似乎做出了讓步。但同樣明顯的是，所有人都將這項決定解讀為對美國的一種拒絕。一九九六年，柯林頓與前參議員杜爾（Bob Dole）競選連任時，杜爾就明確指出那是個侮辱，他說：「我們知道柯林頓值多少：兩鞭。」這句話為杜爾贏得許多笑聲，但沒有破壞柯林頓的連任。在我們這邊，藉由拒絕和對抗美國，新加坡在世界上的地位上升了。事實上，當時的印度駐新加坡高級專員普雷姆．辛格大使（Prem Singh）告訴我，即使像印度這樣的大國也不會拒絕美國總統。印度會默默允許美國把麥克．費伊偷運出境。新加坡憑藉堅定的立場贏得了世界的尊重。我還知道我們的鄰國印尼和馬來西亞對新加坡的決定印象深刻。儘管新加坡付出了短期的代價，有幾個月的時間被拒絕正式訪問華盛頓特區，但在世界其他地區的地位卻顯著上升。新加坡被視為一個勇敢的小國，敢於對抗美國這個大惡霸。

費伊在一九九四年五月五日接受鞭刑。隨後，他在六月二十一日監禁期滿後被遣送回美國（因表現良好而提前釋放）。這一切原本應該讓柯林頓政府對新加坡感到不滿，但華盛頓特區是一個記憶短暫的首都。費伊離開新加坡三年五個月後，一九九七年十一月，APEC高峰會在溫哥華舉行。我們循慣例要求由吳作棟總理在溫哥華禮貌性地拜會柯林頓總統三十分鐘。我們的新任駐美大使陳慶珠在收到這項要求的答覆後打電話給我：「馬凱碩，他們在侮辱我們。我們要求正式會面，他們卻提議打一場高爾夫。」我沒有與任何人商議就立即回答她：「慶珠，請立即接受打高爾夫的提議。」她問為什麼。我回答，正式會面時，吳總理和柯林頓總統只會共度三十分鐘，而在一場高爾夫球局，他們會共度四小時。吳總理和柯林頓總統因為這場高爾夫球局而建立良好關係，隨後又再打了一場高爾夫球，並於二〇〇〇年十一月的汶萊APEC會議時再度會面，為二〇〇四年一月美國與新加坡的自由貿易協定奠定了基礎。有時候，剎那之間的決定，像是接受打一場高爾夫球，就足以影響大局。

另外，我必須提到，新加坡政府與柯林頓政府的關係首次獲得改善，是一九九三年十一月美國在西雅圖附近的布雷克島（Blake Island）首度主辦APEC高峰會時發生的。當時，新加坡的領導人對柯林頓一無所知，因為他在成為總統前從未擔任過國家職務。當柯林頓總統和吳作棟總理在渡船坡道盡頭第一次握手時，我也在場。由於布雷克島是島嶼，到達那裡的唯一方法是搭船，柯林頓總統耐心地站在坡道盡頭迎接每一位領導人。

我就是這樣才發現柯林頓是一位偉大的政治人物。在與每位領導人握手時，他會確保與他們進行了融洽的交談。當吳總理走上坡道時，我往後退了一步，讓他們兩人可以輕鬆交談。兩人結束談話後，我跟隨吳總理走上坡道，因為那是登船的唯一路徑。我預期柯林頓會像大多數領導人一樣，馬虎地與我握手，然後轉向下一位領導人。然而，他直視我的眼睛。他注意到我穿著 New Balance 跑鞋，並與我談論 New Balance 的良好品質。他很快地即興發揮，找到一個連結點，然後推廣了一個美國運動服裝品牌，這一切都在幾秒內完成。我所認識唯一能在一對一談話中像柯林頓那樣具有吸引力的領導人是布萊爾（Tony Blair），他們都能讓你覺得自己是他見過最重要的人。兩位領導人都掌握了注視談話對象眼睛的藝術，讓對方感覺自己得到他們的全部注意力。

當我們抵達布雷克島時，柯林頓進一步展現他的政治技巧。由於島上沒有大型會議設施，整場會議在一個巨大的帳篷中進行。這次 APEC 高峰會的長期重要性在於，這是美國和中國領導人在一九九二年美國總統選舉後的首次會晤。大多數人都預期柯林頓和國家主席江澤民的關係會很緊張，正如柯林頓在一九九二年的競選中所說的，他和老布希總統不同，他不會「溺愛北京的屠夫」（意指一九八九年六月四日的天安門廣場事件）。事實上，江澤民主席一定預料到會有麻煩，因為在每位領導人輪流發表開場白時，他快速且緊張地宣讀了他的講稿。

但在休息時間，我注意到柯林頓刻意去接近江澤民。然後他充分施展自己的魅力，顯然已拋開他競選時的言論。這一刻也證明了多邊會議的重要性。由於柯林頓一九九二年在競選中發表針對中國的嚴厲言論，要安排柯林頓與江澤民的「雙邊」會談就變得格外困難。不是這一方，就是另一方會丟面子。APEC多邊高峰會為雙方會談提供了途徑。歷史學家可能會記錄這次布雷克島會議從兩個方面改變了歷史進程：它是中國成為世界貿易組織（WTO）成員所邁出的一步，進而在接下來的二十五年改變了全球經濟，而且它可能有助於避免臺灣問題引發一場立即的危機。

前美國駐泰國大使博伊斯（Ralph "Skip" Boyce）向我透露，他在那段期間曾參加一場在夏威夷舉行的美國大使代表團團長會議，會中完全聚焦在美國和中國爆發戰爭的可能性。因為在一九九六年三月中國對著基隆和高雄外海發射幾枚飛彈後，柯林頓總統決定派遣兩艘航空母艦前往臺灣海峽。幸運的是，這個事件和平落幕，避免了戰爭，部分原因是柯林頓和江澤民一九九三年十一月在布雷克島建立了關係。

同樣地，柯林頓總統和吳總理在布雷克島也建立了良好的關係。這也許可以解釋為什麼柯林頓在一九九七年十一月溫哥華的 APEC 高峰會邀請吳作棟打一場高爾夫球。這項邀請必定會讓吳總理感到滿意，因為在李光耀於一九九〇年十一月卸任總理職務後，新加坡確實擔心喪失通達白宮的特權。但打高爾夫球的邀請顯示，新加坡和吳總理在華盛頓特區仍然受到高度重視。

事後看來，我很清楚自己當時對新加坡政治的了解有些天真。幸運的是，我外交部的上司在政治上比我精明得多。他們很清楚新加坡外交政策有三位關鍵的決策者：總理吳作棟、副總理李顯龍和國務資政李光耀。有一次，我們向他們三位提出一項外交政策問題的決策請求後，幾乎是立即得到李副總理和吳總理的同意和批准。獲得批准後，我問上司是否應該開始執行這項決策。他們明智地決定等待李國務資政的消息，最後也得到了李國務資政的批准。

楊榮文更了解當時新加坡複雜的政治動態。在他的回憶錄《沉思》（*Musings*）中，他坦率地寫道：

當我進入政界時（一九八八年），李光耀已完全確立在新加坡的政治主導地位。這使他得以專注在新加坡的長期發展。部長和公務員對他的意見都高度重視，有些人在思想和心理上變得很依賴他。這既是優點，也是缺點：優點是它使工作能夠快速有效地完成；缺點是這也滋長了新加坡的依賴心態。[4]

我並不完全了解吳作棟總理和李光耀國務資政之間的政治動態，因此無意中捲入了一些交鋒。

由於我與馬來西亞外長丹斯里．卡米爾顯然建立了密切的關係，所以我應吳總理的要求前往吉隆坡會見丹斯里．卡米爾，探討改善吉隆坡和新加坡雙邊關係的可能性。整體而言，新加坡和馬來西亞之間的關係仍然問題重重，諷刺的是，問題重重的根本原因正是我在一九七九年的告別報告中所列舉的（為此我還受到當時的最高專員黃金輝的嚴厲批評）。此外，很顯然馬哈迪首相和吳總理之間的氣氛並不融洽，因為馬哈迪首相對新加坡的觀感不佳可以追溯到新加坡和馬來西亞痛苦的分離。因此，吳總理要我探討是否能與丹斯里．卡米爾合作，改善與馬來西亞的關係。

我很高興地接下這個工作，因為我知道我們與馬來西亞的關係有多重要。我盡責地飛往吉隆坡，與卡米爾度過愉快的幾天。我們打了幾場高爾夫球，吃了一、兩頓飯，並在有記錄員在場的情況下進行數次雙邊會談。我告訴卡米爾，我的任務是探索改善關係的可能性。我向他強調，身為常任祕書，我沒有權力做決定。不過我也補充，我將嘗試運用「我的說服力」來說服新加坡政府同意任何提案。

4 George Yeo, *Musings: Series Three, with Woon Tai Ho* (Singapore: World Scientific, 2024), 266.

這些紀錄被分發給內閣，然後砲轟開始了。李光耀對我提到自己有「說服力」的說法非常反感。我不知道他為什麼反感這個詞彙，但他確實很不高興。李光耀生氣時會變得非常凶暴。因此，他寫了一些對我和我聲稱擁有「說服力」的嚴厲批評。我感覺好像有幾枚火箭對著我發射。當火箭襲向我時，我很快就發現自己是孤單一個人。攻擊襲來時，我沒有任何保護措施來抵擋它。這是一次痛苦的經歷，我感覺自己被燒傷了。幾年後，我和其他曾與李光耀接觸的公務員分享我的經驗。述說自己如何受到李光耀砲轟的故事，已經成為公務員之間的一種榮譽勳章。

儘管吉隆坡引起一些小騷動，吳總理仍然對我充滿信心。偶爾他會在非正式午餐或晚餐時與常任祕書會面。我記得有一天晚上，所有常任祕書（我們大約有二十人）都被邀請到總統府與吳作棟進行非正式晚餐會談。晚餐期間，吳作棟坦誠地談到他的總理任期。他告訴我們，他曾經非常擔心在他接替李光耀的總理職務後，新加坡的國際影響力會下降。不過，在擔任總理幾年後，他發現自己無需擔心，因為我們已經發展出一個很有效能的外交部。

其他常任祕書顯然把這些話視為對我的讚譽。事實上，當我們走出去時，何學淵（Peter Ho，後來出任公務員首長）低聲對我說：「恭喜你，馬凱碩；你做得很好。」

我擔任常任祕書時，會陪同吳總理出訪海外。我和他一起出訪過幾次，但我主要記得其中兩次。第一次是一九九〇年代中期前往歐洲，第二次是同一時期的中國之行。訪問歐洲期間，我記得我們在德國的某個地方乘船遊覽。船順流而下，我們聊著天，吳作棟問我：「為什麼新加坡在海外只有許通美、陳慶珠和你三位知名外交官？」這個問題凸顯出吳作棟深切關注如何培養新一代的領導人和官員，以便延續新加坡的成功故事。這是一段愉快的回憶。訪問中國的記憶則不太愉快。訪問北京期間，有一天我和張贊成（當時擔任國防部常任祕書）在飯店房間裡忙著抄寫會議紀錄。由於我們全神貫注於這些筆記，未能及時加入吳總理的車隊，前往中國領導人居住的中南海聖地與江澤民主席會面。張贊成和我遲到，在門口被拒絕進入。因此我無緣一睹中南海的內部。這是我一生中永遠的遺憾之一。

在擔任常任祕書期間，我親身體會了新加坡發展和執行世界級公共政策的能力。常任祕書的一大特權是每週六早上開車進入總統府閱讀當週提交的內閣文件。與常任祕書分享內閣文件有一個很好的理由：能讓他們知道應該採取「整體政府」一致的方法來解決問題。只有了解政府其他部門在做什麼，他們才能做到這一點。

其中一些內閣文件的高明之處確實讓我大吃一驚。它們的品質令人讚嘆。第一代政治領導人，特別是李光耀和吳慶瑞，他們多年來強調優良寫作的重要性，這些努力得到了回報。還是一名年輕公務員時，我記得有一次李光耀召集公務員會議，並與他們分享高爾斯（Ernest Gowers）所寫的《簡明語文全集》（*The Complete Plain Words*）。這本書強調簡短有力的句子的有效性，以及簡潔的重要性。

李光耀總是堅持簡短而精確的內閣備忘錄。他希望公務員切入正題，清晰明確地提出重大公共政策決策的關鍵考量。必要的話，細節可以在附件中說明。文件的主要目標是權衡解決問題的各種可能方案的利弊。所有章節都必須以清晰有力的建議結尾。我們不被容許做模稜兩可的經濟學家，說著「一方面」和「另一方面」。

第一代領導人的價值觀也在這些文件中充分展現，其中許多文件強調必須制定促進公共利益而非私人利益的政策。為公共利益制定政策並非必然發生的事。一九七〇年代，世界最強大、最受尊敬的國家是美國。傑出的第一代領導人侯永昌向我抱怨，新加坡花了這麼長時間來修建高速公路，而美國毫不費力就修建了數千英里的道路，這太荒謬了。我當時沒有足夠的敏銳度來回應他，美國能快速建設數千英里的高速公路，是私人利益驅動的：汽車和石油公司。的確如此，美國人甚至提出了「對通用汽車有利，就是對國家有利」的說法。汽車製造商和石油公司的主導地位也意味著美國迄今尚未建立完善的客運鐵路系統來搭配其高速公路。相較之下，新加坡把公共利益放在第一位，修建了完善的高速公路和鐵路系統。

強調公共利益並不表示政府內部沒有激烈的爭辯。例如：新加坡最大的國家資產之一是對其繁榮做出重大貢獻的港口。不過，它在丹戎巴葛（Tanjong

Pagar）和巴西班讓（Pasir Panjang）等地占用的土地很靠近市中心。新加坡港務局（PSA）自然希望保留這片土地，因為它使用這片土地已經一百多年。不過，負責城市規畫的市區重建局（URA）認為這塊黃金地段有更好的用途。這自然引起PSA和URA等機構的激烈爭論。與盎格魯撒克遜媒體對新加坡的普遍看法相反，這類重要決策並非由獨裁者單方面做出，而是經過激烈辯論和謹慎公共政策審議的結果。新加坡做決策的這個面向並未普遍為世人所知。

在所有內閣文件中，新加坡長期公共利益的考量總是優於短期政治考量。由於所有內閣文件都被標記為「密級」或「機密」，即使我閱讀這些文件已是二十五年前的事，我也不能透露內容。但有兩個主要公共項目的細節後來已經公開披露。第一個是深層隧道汙水處理系統（DTSS）。一九九〇年代中期，政府決定斥資約一百億新元建造一條長達一百四十六公里的「超級高速公路」，用於處理汙水，這將使新加坡在未來一百年受益。第一階段在二〇〇八年完成，第二階段預計在二〇二六年完成。[5]正如李顯龍總理的說明，[6]更容易且更便宜的短期選項是擴建既有的抽水站和填海廠，以滿足新加坡不斷增長的人口需求。不過，這種做法將占有太多寶貴的土地。政府提出了一個創新的解決方案，將用過的水透過深層隧道輸送到兩個大型再生水廠，分別位於島的兩端。這將騰出既有汙水系統占用的近一千公頃土地用於開發。此外，DTSS還可以收集、處理和再利用所有用過的水。這具有戰略上的重要性，因為新加坡將可實現水資源獨立。一些西方政府在說服選民為長期利益付出短期經濟代價上猶豫不決，而新加坡政府卻毫不猶豫地投資於長期未來。另一個大膽的決定是把數千公頃花費巨資取得的填海土地轉為國家公園

---

5 Tunnelling Works Completed for Phase 2 of Singapore's Sewage 'Superhighway,'" Channel News Asia, August 21, 2023, www.channelnewsasia.com/singapore/deep-tunnel-sewerage-system-used-water-superhighway-tunnelling-works-completed-phase-2-3708366.

6 Lee Hsien Loong, "PM Lee Hsien Loong at the Official Opening of the Changi Water Reclamation Plant," Prime Minister's Office of Singapore, June 23, 2009, www.pmo.gov.sg/Newsroom/speech-mr-lee-hsien-loong-prime-minister-official-opening-changi-water-reclamation-plant.

濱海灣花園，而不是全部出售給辦公大樓和公寓開發商以創造巨額收入。政府致力於保護和擴大新加坡的樹木覆蓋率，使得新加坡的綠化面積遠大於大多數城市。這個決定是基於長期利益，且經過仔細辯論而形成，最終都記錄在內閣文件上。

這些文件都沒有解密和流傳，實在非常可惜。尤其是對年輕的新加坡人而言，他們無法得知第一代政治領袖對當時的議題，以及對超越下個世代的長遠未來，多麼深謀遠慮。幸好有些內閣文件已與訪問過新加坡的外國領導人分享。我記得當時的巴布亞新幾內亞總理索瑪利（Michael Somare）在一九九〇年代（我想大約是那個時候）訪問新加坡時，政府允許他列席內閣會議，甚至閱讀一些內閣文件。他和他的同僚一定對這些文件的才智洋溢大為嘆服。現在該是與年輕一代新加坡人分享這些輝煌歷史的時候了。

無疑地，擔任常任祕書的五年是我人生中最滿意的五年。我喜歡這份工作的各個方面，從發展和擴大外交部門的行政任務，到在內閣備忘錄中提供好建議的政治任務，以及推廣新加坡的倡議（例如東協和新加坡—澳洲戰略夥伴關係）。我也很喜歡與東協資深官員會議中的東協同僚共事。我會很樂意再擔任外交部常任祕書很多年。

然而，無可避免的事情發生了。我開始犯錯。在不自知的情況下，我冒犯了一些重要人物。這些事情很微妙，不便在這裡談及。結果是政府決定結束我的常任祕書任期。這分為兩個步驟來執行。首先，外交部任命了一位更資深的常任祕書田進良（Tan Chin Tiong）準將擔任一個比我更高的職位。雖然我的新職銜是外交部的（政策）常任祕書，但大家都知道我的地位被超越了。緊接著，我發現我的朋友比我想像的少。我也發現誰才是我真正的朋友。其次，我被告知將回任新加坡駐聯合國大使，以便為新加坡競選在二〇〇一年至二〇〇二年擔任聯合國安理會成員。雖然我喜愛聯合國，但顯然重回一個我擔任過的職位不算是升遷。我感覺到一種強烈的不公平。整體來說，正如紀錄所顯示，我的常任祕書工作表現良好。我的報酬卻是被公開降職。我感到憤怒和沮喪。

多年後，在擔任李光耀公共政策學院院長時，我會告訴學院的每個畢業生，他們應該永遠為職涯的起起落落做好準備。我以自己的經驗來說明這一點。一九八四年，三十五歲的我首次被任命為新加坡駐聯合國大使，我認為這是我人生中最大的一次晉升。但在一九九八年，四十九歲的我再度被任命為新加坡駐聯合國大使時，我認為那是我一生中最大的一次降職。基本上，我是從年度預算一億新元的組織（外交部）的執行長，變成年度預算一百萬新元的部門品牌經理。此外，身為聯合國大使，我要向在我職涯大部分時間都是我下屬的官員匯報工作。這讓我很受傷。

時任外交部長的賈古瑪嘗試紓緩對我的打擊，他說這對我的家人有好處。他說得對。安妮將再有機會親近她在紐澤西的年邁父母。同樣重要的是，我們的三個孩子（當時分別是十二歲、十歲和八歲）將有機會進入紐約一些最好的學校。所以我事業上的失敗也可以視為家庭上的成功。一九九〇年代，由於擔任常任祕書的繁重工作，我陪伴孩子的時間變少了，但在紐約我可以花更多時間陪伴他們。

我可以理性地明白這些好處，但這並沒有減輕情感上的打擊。我經歷了一段艱難的日子，直到母親在我身上培養出來的天生情緒復原能力開始發揮作用。我提醒自己，我所經歷的一切絕對無法與她相比。我沒有藉口感到沮喪或表現得沮喪。我把奶油塗在嘴唇上，對這個世界微笑。

第十章——聯合國安理會

一九八四年八月，我首次抵達紐約，擔任新加坡駐聯合國大使，當時我還是個單身年輕人。十四年後的一九九八年，我已結婚，有三個孩子，分別為十二歲、十歲和八歲。因此，安妮和我的首要任務是為我們的孩子在曼哈頓找到好學校。

曼哈頓有許多優秀的私立學校，但進入這些學校幾乎與進入最好的常春藤聯盟大學一樣困難（而且幾乎同樣昂貴）。我們沒有考慮公立學校，因為曼哈頓許多公立學校紀錄不佳，而且我們聽說這些學校經常發生暴力事件。我們本來可以住在有好公立學校的郊區，但通勤時間意味我幾乎見不到孩子。

於是我們回到官邸，也就是我們以前住過的聖詹姆斯塔（St James Tower）的那棟公寓，並開始為孩子挑選那些昂貴的學校——幸好有政府支付這些費用。

我的前任常駐代表考斯甘（Bilahari Kausikan）在我們的舊公寓附近發現一棟待售公寓，也是一棟複式公寓。就在我們到達前，他說服新加坡政府買下它。安妮和我必須承擔合併兩棟公寓的改建工程，但我們很慶幸在紐約度過的六年能擁有額外的空間。事實上，我們返回紐約後於一九九八年九月的第一次聯合國大會期間，賈古瑪（他來紐約參加聯合國大會）的孩子們就住在這棟與我們的公寓相鄰但獨立的新公寓。

在為孩子尋找優質私立學校時，我們為兒子基思爾和傑伊（Jay）選了學院學校（Collegiate School），為女兒席拉選了聖心修道院學校（Convent of the Sacred Heart）。安妮在一九九七年十一月帶著孩子到紐約接受測驗和面談。讓他們獲得入學資格的艱難挑戰隨即展開。我們很快就發現這些截然不同的學校需要截然不同的方法。我聽說學院學校的董事會裡有來自紐約的金融界人士，所以我向新加坡政府投資公司（GIC）的大老闆黃國松（Ng

Kok Song）求助。黃國松盡責地寫信給紐約金融界的幾位朋友。幾週後，其中一位回信：「我覺得他們進入學院學校的可能性很高。請不要再做其他事。」我們沒有。果然，基思爾和傑伊被錄取了，在曼哈頓的六年裡，他們在那裡接受了很好的教育。

不知道是好或壞，據我們所知，聖心修道院學校與金融業沒有任何關聯。沒有外部的推薦能幫席拉的忙。經過多方徵詢，有人建議我寫一封誠懇的信給校長（一位修女）。一天晚上，我坐在新加坡的臥房裡，手寫一封正式信函給校長。我以普通郵件寄出這封信。幾週後，我們收到席拉被錄取的好消息。

招生主任後來告訴安妮，當校長收到我的手寫信時，馬上走到學校招生辦公室問：「我們為什麼要折磨這位來自新加坡的年輕女孩席拉？我們為什麼不錄取她？」我所做的只是告訴校長真相：每天晚上，席拉上床睡覺前都希望並祈禱她能被聖心學校錄取。申請學院學校和聖心學校的經歷，為我上了寶貴的人生課：有時候在生活中，思想和物質的力量可以贏得勝利。在其他情況下，心靈和情感的牽引更為有效。我們真的很幸運，我們的三個孩子在紐約接受了六年的良好教育。

孩子們安全地在學校安頓下來後，我就可以專注於我在紐約的主要任務：讓新加坡有史以來第一次獲選為聯合國安理會成員。由於新加坡已經獲得亞洲集團的支持，我們沒有什麼競爭對手。我們原本可以放輕鬆，但我們反其道而行。新加坡政府的競爭偏執文化開始顯現，我們決心努力為我們的選舉贏得最多選票。吳作棟總理問我什麼才算是好結果。我告訴他，我們的目標應該是獲得所有會員國的選票，除了兩、三個會員國（因為很少有國家獲得所有選票）。他問我，如果我們丟了超過五票會怎樣。我半開玩笑地說，我會自殺。幸運的是，最終的結果是我們只丟了五票。

我很失望，因為聯合國每個會員國都以書面或口頭形式承諾會投票給我們。顯然新加坡被五個友邦出賣了。由於是祕密投票，我們無法得知它們是誰。

失去五票是令人惱怒的，因為我花了整整兩年的時間來與所有常駐聯合國的代表建立關係，拜訪他們的辦公室，招待他們吃午餐和晚餐，並參加所有他們的國慶招待會。我說我為了這份工作必須犧牲自己的身體並非開玩笑：

為了拉選票一直吃吃喝喝真的辛苦！幸好我也做了大量運動。我特別喜歡週末在中央公園跑步。

聯合國代表的生活並非全是美酒佳餚。聯合國的許多議程項目讓我們忙得不可開交，其中一個議程導致新加坡和美國代表團發生一場特別激烈的爭執：關於新加坡應該定期向聯合國繳納多少會費。這個相當技術性的問題演變成一場驚天動地的爭吵。

這一切始於我的一位「最好的朋友」理查德．郝爾布魯克（Richard Holbrooke）被任命為美國駐聯合國大使。郝爾布魯克大使（我稱呼他「迪克」〔Dick〕）在一九九九年底來到紐約，發現我是一位很受歡迎的大使，當時他描述我們的關係為「最好的朋友」。他似乎認為他可以在聯合國社群中利用他與我的「最好的友誼」。

我們不是「最好的朋友」。我們充其量只是熟人，儘管多年來我見過他好幾次，最早可以追溯到他在卡特政府擔任亞太事務助理國務卿時。那段期間，他為新加坡和東協發揮了重要作用。一九七七年一月卡特就任總統時，東協國家仍因中南半島（Indochina）落入共產黨手中而受重創。簡單地說，東南亞潛在的「骨牌」非常緊張。更糟的是，相較於尼克森，卡特被認為是一位軟弱的總統。如果郝爾布魯克也軟弱的話，情況可能會更糟。

幸好他不軟弱。一九八〇年代，共和黨的雷根擔任總統，民主黨的郝爾布魯克離開政府，當時他在曼哈頓有一間辦公室，擔任雷曼兄弟（Lehman Brothers）的資深顧問。當時擔任新加坡駐聯合國大使的我曾到這個辦公室拜訪他。在他辦公桌後面的牆上，顯眼地掛著一封裱框的感謝信，是李光耀總理寫的，讚揚他在幫助緊張的東協國家提振信心時所展現的力量和決心。眾所周知，李光耀在讚揚方面很謹慎。因此，這份讚美是真誠的。郝爾布魯克當之無愧。

一九九三年一月，民主黨的柯林頓上任後，郝爾布魯克重返政府。在一九九七年一月十七日克里斯多福（Warren Christopher）卸下國務卿職位時，郝爾布魯克希望能夠接任。不過希拉蕊堅持這個職位該由女性擔任，最後由歐布萊特（Madeleine Albright）接任。給郝爾布魯克的安慰獎是在一九九七年至一九九九年擔任巴爾幹半島特使，當時該地區衝突不斷。第二個「獎勵」是他在一九九九年八月五日被任命為美國駐聯合國大使，這是一項內閣級的任命。[1]就這樣，我們再次相遇了。

郝爾布魯克的最大優點（或許也是缺點）就是他始終不忘使命。他有無限的能量、不屈不撓的意志和巨大的自我。我看過關於他最令人難忘的標題是：「關於郝爾布魯克的真相是，他是一個混蛋，但他是我們的混蛋」。二〇一〇年十二月十三他不幸去世後，希拉蕊在他的葬禮上哀悼致敬：「很少有人能在國務院或我們的國家留下如此深遠的影響。從東南亞到冷戰後的歐洲，乃至全球各地，由於理查德一生的奉獻，使人們有機會獲得更和平的未來。」[2]

對我來說，不幸的是，郝爾布魯克（在與柯林頓政府協商後）決定出任美國駐聯合國大使的一大使命是，減少美國支付給聯合國的會費。美國在聯合國面臨的主要問題之一是，有幾位參議員通過了停止美國資助聯合國的法案。這是一個問題，因為如果美國停止繳納聯合國會費超過兩年，它將失去在聯合國的投票權。美國也將因此失去在聯合國安理會的否決權，那將是一場災難。

為了解決未繳會費的問題，郝爾布魯克與擔任參議院外交關係委員會主席的北卡羅來納州參議員傑西・赫爾姆斯（Jesse Helms）私下達成協議：赫爾姆斯將允許郝爾布魯克繳納美國過去積欠聯合國的會費，做為回報，郝爾布魯克必須減少美國向聯合國繳納的年度會費。

不過，這筆交易有個嚴重的問題。聯合國會費的分攤比例是根據每個國家的全球GDP占比來計算的。二〇〇〇年，美國的全球GDP占比約為三

---

1 Sara Getman, "Graduation Speaker Announced: Ambassador Richard Holbrooke Will Speak on May 21," *Trinity Tripod*, May 2, 2000, https://digi-talrepository.trincoll.edu/cgi/viewcontent.cgi?article=1335&context=tripod.

2 "Text of Hillary Clinton's Statement," *Politico*, December 13, 2010, www.politico.com/story/2010/12/text-of-hillary-clintons-statement-046345.

○%，但它只支付聯合國預算的二五%。換句話說，美國已經享有折扣，而郝爾布魯克想要更大的折扣。此外，如果美國支付較少的費用，其他國家就得支付更多。郝爾布魯克認為新加坡夠有錢，可以增加貢獻的比例。

郝爾布魯克嘗試解決一個由美國治理系統造成的問題（一個有很大影響力的參議員可以阻攔依法必須支付的會費），方法是把負擔轉嫁給其他國家，尤其是像阿拉伯國家和新加坡等（在他看來）較「富裕」的國家。對這些國家來說，郝爾布魯克的做法顯然不公平，而我被告知要抵制這種做法。結果，我從郝爾布魯克「最好的朋友」變成了他眼中的頭號公敵。

在這個過程中，我逐漸發現郝爾布魯克的職業生涯為何如此成功。他是絲毫不留情面的。在與其他外交官的許多非正式聚會上，他都會特別點名新加坡（以及我個人），指責我們不可理喻。在一次聚會上，我們的副大使陳怡媛（Tan Yee Woan，音譯）也在場，他剛好就這麼做了。她挺身面對他，拒絕屈服，展現出新加坡開國元勛所樹立的強悍聲譽。

郝爾布魯克也希望「貧窮」的非洲國家能和他一起向「富裕」的新加坡

施壓。但非洲外交官往往忠於他們的朋友。由於我與許多非洲大使建立了密切的關係，幾乎沒有一個人公開支持他。事實上，當時的納米比亞駐聯合國大使馬丁．安賈巴（Martin Andjaba）在非洲集團的一次會議上公開告訴郝爾布魯克，他無法支持他針對新加坡的行動。當郝爾布魯克問：「為什麼不支持呢？」安賈巴回答：「因為馬凱碩是我的朋友。」

這場激烈的鬥爭持續了好幾個月。事實證明，這對新加坡駐聯合國代表團來說是一個重大干擾，因為它發生在我們的首要任務是讓新加坡獲選為聯合國安理會成員的那年。這個問題最終在二〇〇〇年耶誕節前得到解決，當時聯合國大會不得不結束審議。歐洲和其他國家特別呼籲新加坡同意多支付一點費用以達成妥協協議。為了表示善意，新加坡政府同意每年向聯合國額外支付約一百萬美元。

到了二〇〇〇年耶誕節，民主黨柯林頓政府即將被共和黨政府所取代的情勢已經顯而易見（在小布希與高爾的競爭中，小布希贏得了最高法院的支持）。因此，郝爾布魯克試圖在共和黨上臺前解決這個棘手的問題是對的，因為共和黨顯然比民主黨更不支持多邊組織。

二〇〇〇年十二月對新加坡駐聯合國代表團來說是個特別的月份。在二〇〇〇年十月十日獲選為聯合國安理會成員後，我們發現新加坡在入會的第一天就將擔任主席。聯合國安理會主席是按國家字母順序輪替的。由於二〇〇〇年十二月的聯合國安理會主席是俄羅斯，所以新加坡將在二〇〇一年一月接替俄羅斯擔任主席。由於新加坡從未加入過安理會，在毫無經驗的情況下要擔任主席將會非常困難，我們特別向安理會提出請求，讓我們在二〇〇〇年十一月和十二月旁聽其審議。出乎意料的是，其他成員國都同意了。這讓人很意外，因為安理會幾乎從未允許非成員國旁聽其審議，尤其是閉門的非正式會議。

最重要的審議不會在有電視定時轉播的公開會議廳中進行，而是在一個小會議室舉行，裡面有一張小型U形桌，勉強能容納十五名常駐代表、幾名聯合國官員，以及各代表團的另外兩名外交官。新加坡代表團有兩個空位。因此，和大多數其他非常任理事國不同，我們參加聯合國安理會的時間是二十六個月，而非二十四個月。這是很特別的待遇。

我相信，在這二十六個月的安理會經歷中，我對世界事務和外交運作的了解，比我之前在新加坡外交部工作二十九年學到的還多。過去我對世界抱有許多幻想。聯合國安理會則堅定地把這些幻想一掃而空。在我們加入安理會前，我相信在道德原則和野蠻權力的較量中，道德原則會有一定的影響力。在安理會工作二十六個月後，我得到的結論是：權力永遠壓倒原則。

我真的很幸運，外交部指派了一支由新加坡外交官組成的專家團隊，其中包括副大使克莉絲汀女士（Ms Christine Lee）、軍事顧問葉旺興準將（Brig Gen Yap Ong Heng）；一等祕書符祺霞（Foo Chi Hsia）和巴提亞（Umej Singh Bhatia）、顧問曼塔哈（Zainal Arif Mantaha）。除了這個聯合國安理會的團隊，還有另一個被指派參與聯合國大會活動的專家團隊，其中包括副大使陳怡媛，以及一等祕書朱尼佩（Juniper Lim）、隆恩（Lynette Long）、凡妮莎（Vanessa Chan）和何韋弘（Gerard Ho）。因此，指派來協助我的外交官團隊規模是我第一次擔任聯合國大使時的兩倍以上。

有了如此強大的團隊，我們擔任聯合國安理會主席的工作進展順利。與大多數其他主席一樣，新加坡決定提出一項維和行動的特別倡議。因此我在二〇〇一年一月三十一日代表安理會發表聲明，成立一個工作小組，其目的是「深入考量……改善安理會、部隊派遣國和祕書處之間三方關係的方法」。[3]

在聯合國安理會工作的兩年，是我一生中最緊張的兩年，因為我們必須展開一段豐富的學習旅程，以掌握多樣化的主題。聯合國安理會只處理有麻煩的事務，特別是在衝突地區。我很難以任何簡明的方式總結我們討論的所有議題。這就是為什麼我嘗試在《大匯流》一書中描繪我對全球治理的所有學習與理解。[4]

綜觀這兩年將發現，我們實際上服務於兩個不同版本的聯合國安理會：第一個是九一一之前的版本，第二個是九一一之後的版本。和許多其他機構一樣，聯合國安理會在二〇〇一年九月十一日紐約世貿雙塔遭受攻擊後發生了轉變。世界已經不一樣了。

不變的是美國對聯合國安理會的主導地位。美國做為單極世界中唯一真正的超級大國，是迄今為止最有影響力的成員。我們在二〇〇一年一月加入聯合國安理會的第一個月就發現了這一點。安理會必須完成的例行工作之一是任命各個制裁委員會的主席。由於新加坡擔任安理會主席，理論上我們可以在任命主席上發揮影響力，但實際上我們沒有權力。儘管郝爾布魯克已是駐聯合國的跛鴨大使（因為他將在二〇〇一年一月二十日小布希政府取代柯林頓政府後辭去職務），但他仍掌控一切權力。我們親身體會到了這一點。由於新加坡是一個亞洲國家，我們想擔任阿富汗制裁委員會的主席，然而郝爾布魯克卻把賴比瑞亞制裁委員會「指派」給新加坡。我問外交部，我們是否要對郝爾布魯克這項獨斷的指派進行抗爭，外交部決定不這麼做。大多數

---

3 "Statement by the President of the Security Council," Security Council Report, January 31, 2001, www.securitycouncilreport.org/atf/cf/%7B65BFCF9B-6D27-4E9C-8CD3-CF6E4FF96FF9%7D/PKO%20SPRST%202001%203.pdf.

4 Kishore Mahbubani, *The Great Convergence: Asia, the West, and the Logic of One World* (New York: PublicAffairs, 2013).

時候，美國在聯合國安理會可以為所欲為。

我也發現美國主導地位的其他展現。在聯合國安理會討論任何問題之前，聯合國祕書處都會公布一份相關主題的報告。理論上，聯合國祕書處應該對該主題進行獨立評估。不過，我碰巧在一次外交招待會結束後的下雨天送一位美國外交官回家。我們一起乘車時，他的電話響了。我可以清楚地聽到整個談話，我聽到這位美國外交官向聯合國祕書處官員發出明確的指示，要求我們第二天將在聯合國安理會討論的報告必須刪除哪些段落。

奇怪的是，美國總是刻意抱怨聯合國的「軟弱」。然而聯合國「軟弱」的一個關鍵原因是，美國的政策就是刻意讓聯合國保持軟弱。令人驚訝的是，很少有美國人了解聯合國的這個重要事實。

二〇〇一年一月二十日，郝爾布魯克離開聯合國後，美國代表團（在小布希新政府領導下）對聯合國或聯合國安理會顯得興趣缺缺。這點清楚地體現在，小布希政府直到二〇〇一年九月才向聯合國派遣大使。在這段期間，美國代表團是由代理大使郭明瀚（James B. Cunningham）掌管。郭明瀚是一位老練、經驗豐富的專業外交官，因此一切運作順利。

美國官員卡梅倫・休姆（Cameron Hume）曾在符祺霞針對阿富汗問題發表聲明後，對新加坡代表團表示讚揚，符祺霞在聲明中提出一個明顯的問題：聯合國安理會制裁塔利班政權的目的是什麼？它能改變政權或改善阿富汗人民的狀況嗎？答案顯然是否定的。卡梅倫告訴符祺霞，他認為新加坡提出一個有理有據的問題。不過，美國是一個只要有問題就祭出制裁的超級強權，因此不存在改變美國政策的問題。

然而，九一一之後，一切都改變了。美國代表團從最冷漠的代表團之一，變得既狂熱又活躍。小布希政府決定派遣重量級的尼格羅龐提（John Negroponte）為駐聯合國大使，就證明了這一點。尼格羅龐提是一位專業的美國外交官，曾於一九六四年至一九六八年在越南與郝爾布魯克密切合作。尼格羅龐提和我是舊識，對我也大有助益，因為在我的外交生涯中，我們曾有過多次交集。

美國的第一個動作就是推動通過一項決議，讓美國入侵阿富汗合法化，以推翻塔利班政權和消滅賓拉登（Osama bin Laden）的軍隊。美國遭到恐怖攻擊後，聯合國安理會的這項決議立即得到一致支持。第一批與小布希總統接觸的國家元首之一是中國國家主席江澤民。就在幾個月前，美中兩國才因為二〇〇一年四月一日有一架美國偵察機迫降海南島而發生嚴重對峙，雙邊關係原本可能很緊張。但實際上並非如此。相反地，賓拉登襲擊美國，事後證明對中國是一個莫大的祝福，因為小布希政府在整個任期內都把注意力集中在伊斯蘭的威脅，而非紅色中國的威脅。

透過觀察聯合國安理會各國大使之間的互動，尤其是中、法、俄、英、美五個常任理事國大使的較勁，就可以了解世界的情況。這五個國家擁有否決權。由於否決權是全球權力和地位的有力象徵，這五個國家都派出真正傑出的駐聯合國大使：中國的王英凡、法國的萊維特（Jean-David Levitte）、俄羅斯的拉夫羅夫（Sergei Lavrov）、英國的格林斯托克（Jeremy Greenstock）爵士，以及來自美國的尼格羅龐提。

觀看他們之間的折衝真是令人著迷。當美國試圖通過一項決議以授權入侵伊拉克和推翻海珊時，這類折衝就層出不窮。我在二〇〇三年三月美國入侵伊拉克二十年後撰寫有關伊拉克戰爭的文章時寫道，顯然人們已經普遍認為那是一個巨大的錯誤。美國的一些盟友，包括聯合國安理會的友邦，嘗試警告這樣的入侵將鑄成大錯。我在親身經歷伊拉克戰爭這場災難的醞釀過程後，看到美國完全無法聽取或接受法國和德國等盟友的建議。

反而法國在美國遭到了抨擊。二〇〇三年美國國會共和黨議員決定把「French fries」（法式炸薯條）改名為「freedom fries」（自由炸薯條）。有一次，我參加一場與美國企業高層主管的重要午餐會，一位美國執行長要求服務生倒掉正要端上桌的昂貴法國葡萄酒。反法情緒達到白熱化。二十年後的今日，美國應該向法國道歉，並感謝法國嘗試拯救它免於那場災難性的戰爭。但我懷疑美國真的會表達這樣的道歉。

令我驚訝的是，許多深思熟慮、有見識的美國人都相信小布希政府在伊拉克問題上的說法。我有舉辦集思廣益午餐會以討論當前問題的習慣。我邀請了來自紐約大學的傑出國際法教授托馬斯．弗蘭克（Thomas Franck）參加其中一場午餐會。他開場提出了一個具有挑釁意味的問題：根據國際法，美國即將入侵伊拉克和希特勒入侵蘇台德區（Sudetenland）之間有什麼技術上的差別？他提出這個問題後，我內心七上八下。我的印象是，滿屋子聰明而有影響力的紐約人，即將因為弗蘭克教授竟然提出這種問題而對他處以私刑。

在二〇〇三年三月美國非法入侵伊拉克的過程中目睹美國人的集體迷思，這個經驗在二十年後仍讓我深惑困擾。二〇二三年，美國面對中國問題時，我看到類似的集體迷思再度出現。在我一生中，集體迷思已經兩度俘擄了世界上教育程度最高的知識份子。決心入侵伊拉克的非比尋常之處在於，除了法國和德國，美國的許多盟友也都直言不諱地警告美國入侵的危險。二〇〇三年三月，英美聯軍入侵伊拉克的三個月後，我剛好與英國駐聯合國大使格林斯托克爵士一起打高爾夫球。打完球，我們一起喝啤酒。他對我說：「馬凱碩，夏天來了，我們還在伊拉克。那麼急著發動入侵是為了什麼？」顯然英國更希望先讓聯合國安理會通過入侵伊拉克合法化的決議，但小布希政府決心無論如何都要入侵伊拉克。

一位埃及資深外交官向我透露，當時的埃及情報總局局長蘇萊曼（Omar Suleiman）與伊拉克戰爭前剛成為美國副總統的錢尼（Dick Cheney）會面，蘇萊曼準確而敏銳地警告，雖然入侵伊拉克很容易，但美軍將陷於痛苦的消耗戰，許多美國士兵將被殺害。事實證明，他的預測完全正確。但錢尼置若罔聞，只是說：「我們會殺光他們。」蘇萊曼在當時的埃及穆巴拉克政府是出了名的「硬漢」，但即使是這位硬漢也被錢尼殘酷的回應嚇了一跳。顯然伊拉克人的生命損失對錢尼來說無關緊要，而這強化了我在聯合國安理會兩年學到的核心教訓：權力永遠壓倒道德原則。

當布希政府和美國菁英普遍都把注意力集中在九一一和伊拉克戰爭的後續發展時，他們沒有人審慎看待比二〇〇一年發生的一件比九一一影響更深遠的事：中國加入世貿組織。老實說，我當時也沒有特別注意這件事，但它對世界歷史的改變遠大於伊拉克戰爭。二〇〇一年中國加入世貿組織時，美國的GDP為一〇．六兆美元，而中國僅一．三兆美元。換言之，美國經濟規模是中國的八倍。到了二〇二二年，美國的GDP為二五．五兆美元，只比中國的一七．九兆美元大一．四倍。當未來的歷史學家回顧二十一世紀的前二十年時，他們一定會注意到，美國當權者的戰略思維只專注在伊拉克戰爭等短期問題，而中國當權者的戰略思維則專注於像是中國加入世貿組織的長期趨勢。季辛吉在他的《論中國》（*On China*）書中評論了這種差異，我後來也在我的著作《中國贏了嗎？》嘗試做評論。

小布希政府向聯合國安理會提出的另一個爭議性問題，牽涉到二〇〇二年七月一日根據《羅馬規約》（Rome Statute）設立國際刑事法院（ICC）。小布希政府主要擔心的是，美國士兵可能因為從事技術上非法的戰爭（像是科索沃或伊拉克戰爭）而遭到國際刑事法院起訴，因為這些戰爭並未獲得聯合國安理會批准。因此在《羅馬規約》生效的幾個小時前，[5]小布希政府提出一項決議，要求為美國士兵提供「豁免權」。

這項決議的關鍵執行部分指出，「如果案件涉及非《羅馬規約》締約方的派遣國的現任或前任官員或人員，且其行為或不行為與聯合國建立或授權的行動有關，國際刑事法院自二〇〇二年七月一日起的十二個月內，將不會開始或繼續對任何此類案件進行調查或起訴」。它還「表達了在必要時將於每年七月一日以相同條件延長第一節的請求十二個月的意圖」。[6]當辯論開始時，英國代表團發表了義正辭嚴的演說，解釋英國做為國際刑事法院的締約國，無法支持一項削弱國際刑事法院的決議案。不過，辯論結束後，英國代表團的態度一百八十度大轉彎，並滔滔雄辯地解釋支持這項決議案的原因。對英國政府來說，與小布希政府拉攏關係比堅守基本的國際法和原則更重要。

英國對國際刑事法院的立場大反轉，令我大感震驚，因為英國人從新加坡還是英國殖民地時，就一直告訴我們，法治在英國的文化和傳統中是至高無上的。沒有人可以凌駕於法治之上，也沒有人可以扭曲法治。儘管如此，

5 Martijn Groenleer, "The United States, the European Union, and the International Criminal Court: Similar Values, Different Interests?," *Interna-tional Journal of Constitutional Law* 13, no. 4 (October 2015): 923–944.

6 United Nations Security Council Resolution 1422, July 12, 2002, https://digitallibrary.un.org/record/468885.

英國還是能「扭曲」自己對國際刑事法院的法律條約義務，容許美國軍人不被起訴的例外情況。

五個常任理事國（五常）擁有比十個選出的非常任理事國還大的壓倒性權力。理論上，十五個理事國成員是「平等的」；但實際上，理事會只有五個「成員」，而另外十個更像是「過客」。在二〇〇一年一月新加坡加入安理會前，智利代表團就和我們分享了這個看法。在我們加入安理會期間，無論是九一一之前或之後，我們都發現了這個觀察是如此真實。

五常國家因為擁有否決權而更強大。理論上，否決權只適用於「實質性」議題。程序性議題不能被否決。但這個理論在實務上完全不是如此。大約在二〇〇二年五月，新加坡擔任聯合國安理會主席時，我們收到國際法院（ICJ，也稱為世界法院）院長的要求，希望向安理會進行簡報。由於國際法院是聯合國大家庭的附屬成員，其規章附屬於《聯合國憲章》，我認為國際法院院長向安理會簡報不會有人反對。結果我錯了。當我在一次非正式協商中提出這項要求以尋求共識時，所有代表團都同意，只有美國代表團不同意。

經過一番討論後，美國代表團顯然不會讓步。然後我告訴美國代表團，是否邀請國際法院院長是一個「程序性」議題，我們可以透過表決來決定。如果大多數代表團同意，我們就可以邀請他。美國代表團的回應很巧妙：他們說，提議邀請國際法院院長是不是一個程序性議題本身就是一個實質性議題，而既然他們認為這是一個實質性議題，就可以行使否決權。簡而言之，即使在程序性議題上，否決權也可以派上用場。由於幾乎沒有代表團願意對抗美國代表團，我提出了一個折衷方案，讓國際法院院長可以在主會議廳舉行非公開的閉門會議，向聯合國安理會成員做簡報。媒體和非成員國不得參加。美國向來自豪是一個歡迎公眾討論以便不同觀點可以在「思想市場」競爭的社會，但在這裡，它更願意讓討論祕而不宣，不向大眾公開。

美國選擇退出國際法院是一個悲劇，因為國際法院基本上是美國贈與世界的禮物。國際仲裁這個領域始於一七九四年美國與英國簽訂的《傑伊條約》（Jay Treaty），而且美國持續參與這個領域將近兩百年。[7]不過，在一九八六年國際法院判決尼加拉瓜控告美國案勝訴後，[8]雷根政府決定退出國際法院的強制管轄權。這件事發生時，鮮少美國人知道他們正在拋棄一個美國創造的機構。隨著冷戰結束，美國成為唯一超級大國，它決定不再接受自身管轄權以外的任何管轄權。這預示了一連串可怕的國際錯誤，美國表現出對國際法律意見的漠視，導致這些意見再也無力節制美國的行為。美國拒絕加入國際法院，是所有國家的損失。

美國並不是唯一威脅要在程序性議題上動用否決權或影響力的五常成員國。俄羅斯和中國也曾這樣做。聯合國安理會的一個異常情況是，它的程序規則至今都還是「暫訂的」。從一九四六年以來，許多程序性事項都已藉由實踐而形成共識，然而安理會成員國卻不願意修訂程序規則，以使它們正式成為法條。[9]因此，許多既有的安理會程序既繁複又過時，而且沒有人嘗試改進或更新它們。

當我們加入安理會時，我自問新加坡代表團該如何為改善聯合國安理會做出貢獻。由於新加坡以其高效能和優良的治理聞名，我認為新加坡代表團可以藉由改進安理會的「程序」而有所貢獻。為了避免美國這個最強大代表團的抵制，我設法說服美國最著名的顧問公司麥肯錫（McKinsey & Company）提供公益服務，以協助我們進入二十一世紀。由於西方以堅信現代和理性決策著稱，我原以為西方國家的代表團會支持我們出於善意的倡議。然而，我們遭遇了五常國家的強大阻力。法國代表團在一次私下評論中解釋了他們的抵制，而這句話最終也傳到了我們耳中：「為什麼這些『遊客』認為他們可以擅自進入我們家裡並重新布置我們的家具？」

「遊客」這個詞可能很貼切，它恰如其分地反映了五常如何看待安理會

---

7 "History," International Court of Justice, accessed February 6, 2024, www.icj-cij.org/history.

8 "Case Concerning Military and Paramilitary Activities in and against Nicaragua (Nicaragua v. United States of America)," International Court of Justice, June 27, 1986, www.icj-cij.org/files/case-related/70/070-19860627-JUD-01-00-EN.pdf.

9 Loraine Sievers, "Why Are the Council's Rules of Procedure Still 'Pro-visional' and What Does That Mean in Practice?," *Procedure of the UN Security Council*, 4th ed., September 12, 2019, www.scprocedure.org/chapter-1-section-4.

的當選成員。不過，雖然五常對非常任理事國建議的改變抱持抵制態度，這並不意味所有五常國家都認為安理會的改進已經足夠。在聯合國安理會的兩年裡，我們發現五常國家之間存在重大差異。其中三個國家——美國、中國和俄羅斯——毫無疑問地認為自己理應是聯合國安理會成員。它們對自己的「大國」地位充滿信心。相較之下，英國和法國則信心不足。它們準確地理解到，如果創立一個符合二十一世紀新權力格局的安理會，英國和法國就不太可能成為擁有否決權的常任理事國。正如英國《金融時報》專欄作家馬丁・沃夫二〇〇九年的評論：「十年之內，英國是安理會常任理事國而印度不是的世界，將顯得很荒謬。舊秩序正在消逝。世界愈早順應愈好。」[10]不用說，十幾年過去了，什麼都沒改變。由於英國和法國代表團清楚自己在聯合國安理會的地位岌岌不保，他們感覺自己有義務比其他五常成員更努力取得成果。這也解釋了何以英國和法國近幾十年來未曾單獨動用否決權來投反對票。

我最料想不到的是，法國代表團可能是最賣力的代表團。我在十五位大使決定以十天訪問十五個非洲國家時發現這一點。聯合國為我們包租一架飛機，以確保我們能完成繁重的訪問行程。儘管如此，我們的時程安排還是很緊湊。

當時的法國大使是萊維特。他帶領著整個訪非代表團，所以他的睡眠時間比我們其他人少得多。每天晚上我們就寢後，他都會與法國官員開會。然後他們會整理當天的會議紀錄。第二天一早，我們就能拿到前一天的會議紀錄。由於新加坡以勤奮的文化聞名，尤其是它的公務員，而法國以每週工作三十五小時聞名，所以我驚訝且難為情地發現，法國駐聯合國大使遠比新加坡駐聯合國大使工作得更勤奮。

這趟非洲之行的一大亮點是受邀到曼德拉（Nelson Mandela）家中喝茶。他住在索韋托（Soweto）一棟舒適的中型平房。十五位大使和聯合國官員擠在他簡樸的客廳裡，他熱情而親切地接待了我們。英國大使格林斯托克的妻

10 Martin Wolf, "What India Must Do If It Is to Be an Affluent Coun-try," *Financial Times*, July 8, 2009, www.ft.com/content/dc1a9462-6b1c-11de-861d-00144feabdc0.

子安妮告訴她丈夫，在會見曼德拉後不要洗手，因為她想握一握那隻與曼德拉握過的手。

那麼，十五位聯合國大使乘坐昂貴包機的非洲之行有達成什麼成就嗎？老實說，並沒有。我們確實對非洲一些更深層次的問題（它們占據聯合國安理會的大部分議程）有了更多了解。我們也或多或少感受到那裡的情勢十分危急。在蒲隆地（Burundi）的經濟首都布松布拉（Bujumbura），我們被告知要盡快完成工作，並在日落之前回到飛機上，因為我們剛才降落的機場在日落後偶爾會遭到砲擊。當我們的飛機在日落時分起飛，我感到如釋重負。

在世界某些地方旅行的風險很高。身為賴比瑞亞制裁委員會主席，我被告知必須訪問西非國家以研究當地局勢。我從獅子山自由城（Freetown）搭乘一架小型私人飛機前往奈及利亞首都阿布加（Abuja）——五個小時的飛行有點緊張，因為這架小型飛機上沒有廁所。儘管如此，我們很幸運能從自由城機場起飛，因為從那裡到阿布加唯一的交通方式是搭乘聯合國租用的烏克蘭直升機。我們搭乘這些直升機飛過兩趟。離開自由城兩週後，其中一架直升機墜毀了，機上人員全數罹難。我對聯合國安理會五常的敬意下降了（因為我對他們恃強凌弱的策略很反感），但我對聯合國工作人員的敬意提升了，因為他們即使處於險境也都準備好接受危險的任務。許多人犧牲了他們的生命。我的好友德梅洛（Sergio Vieira de Mello）於二〇〇三年八月在巴格達的恐怖炸彈攻擊中喪生。

新加坡在二〇〇二年十二月三十一日之前都還是聯合國安理會成員，因此我們也有機會參與伊拉克問題日益激烈的辯論，顯然小布希政府已經決定無論如何都會入侵伊拉克並推翻海珊，無論是否存在大規模毀滅性武器。但美國希望安理會能通過一項使戰爭合法化的決議。俄羅斯和法國代表團當時強烈反對提供這種合法化。這場有關即將發生的伊拉克戰爭的辯論也讓我們意識到，真正的討論是在五常成員間祕密進行的，而且是在對十個非常任理事國保密的不公開地點進行。五常成員間彼此討價還價並做出利益交換。當他們最後達成一項決議後，會將其做為既成事實向十個非常任理事國提出。

二〇〇二年十一月，他們就是這樣向我們提出第一四四一號決議，亦即最後一項以共識決通過的有關伊拉克的決議案。理論上，十個非常任理事國可以拒絕五常的決議草案，但實際上，幾乎沒有任何當選成員能夠抵擋那五個大國的聯合壓力。當五常就一項決議達成一致時，十個非常任理事國在政治上是不可能反對的。

我在聯合國學到的另一個重要教訓是，五常對雙重標準毫不在意。數十年來，尤其是一九四八年頒布《世界人權宣言》（UDHR）以來，西方傳統上不餘遺力地捍衛一項重要人權，也就是任何人都不應遭受酷刑的原則。事實上，《世界人權宣言》明確指出：「任何人不得遭受酷刑或殘忍、不人道或有辱人格的待遇或處罰。」做為對這項人權原則承諾的實際作為，美國國會一九六一年通過的《對外援助法案》規定，美國國務院應編製年度報告，記錄每個聯合國成員國的人權狀況。這些報告每年也都忠實地編製並發表。

身為新加坡外交官，我注意到這些報告經常批評新加坡的人權狀況。自一九六五年獨立以來，新加坡政府根據《內部安全法》未經審判就拘留囚犯，理由是普通民眾因擔心遭到報復而不願出庭指證馬來亞共產黨的支持者。美國國務院的《各國人權報告》把這類拘留列為任意逮捕或監禁。它也在未經獨立核實的情況下援引國際特赦組織（Amnesty International）的報告，稱新加坡對因國內安全而被拘留者實施酷刑。

以可普遍化原則來看，美國政府在主張新加坡政府不應實施酷刑時，實際上是在倡導任何政府都不應實施酷刑的可普遍化原則。歐洲各國政府在美國發表這類聲明時表示支持。由於美國政府長期以來對酷刑採取這種明確的立場，你不難想像當美國政府成為第一個對被拘押在關達那摩（Guantanamo）的穆斯林實施酷刑的已開發國家政府時，我們有多少人——特別是開發中國家的人——會感到多麼震驚。

那種震驚是巨大的。另外三個餘震也一樣嚴重。第一，儘管每個歐洲政府都一貫捍衛「禁止酷刑」的原則，但沒有一個歐洲政府公開反對美國政府施行酷刑。英國和法國政府都保持沉默。第二，由於美國政府開始施行酷刑，它顯然已喪失批評其他國家使用酷刑的道德權利（這是可普遍化原則的間接結果）。照理說，美國國務院應該停止批評其他國家施行酷刑。但令人難以想像的是，它並未停止。更難想像的是，美國自由派政治領袖從未談論過國務院的公然虛偽，他們也沒有意識到，他們的沉默使他們成為這種大規模虛偽行為的無聲共犯。這正是第三個餘震：「自由主義者」未能看到他們都被世界其他國家視為巨大的偽君子。

這些事件讓人們想到安徒生的寓言《國王的新衣》。我們需要一個孩子公開、明確地說出國王沒有穿衣服。在世界其他國家眼中，當西方開始在酷刑這個重大人權問題上實行雙重標準時，它就已經失去道德公信力。但西方仍繼續在人權問題上對世界其他國家說教，儘管在世界大多數人口（八八%的人生活在非西方國家）眼中，西方已經失去這樣做的道德地位。事實上，雖然五常成員，尤其是三個主要西方成員——美國、英國和法國，以雄辯的演講表達它們對重大道德原則的堅定承諾，但他們並未對自己實行的雙重標準感到慚愧。公平地說，所有大國都實行雙重標準，不過西方列強總是把自己放在道德的高臺上。現在，它們在這些高臺上看起來很可笑。

當新加坡擔任聯合國安理會成員時，愛爾蘭也是成員國。愛爾蘭的大使是聰明幹練的瑞安（Richard Ryan）。有一天他對我說：「馬凱碩，我恨你。」我問他為什麼。他回答說，他在理事會發言的每一句話都必須得到都柏林（愛爾蘭首都）的批准。相較之下，在大多數議題上，新加坡政府都給我更大的言論自由。新加坡政府（經過與我和我的團隊協商後）會提供一些能代表我們立場的要點，然後我可以自由選擇自己的措辭來表達它們。瑞安（以友好的方式）怨恨我，因為他沒有這樣的自由。

不過有一天，他決定冒險一試。當我們討論伊拉克時，瑞安碰巧排在法國大使萊維特之後發言。由於萊維特曾對伊拉克的人道主義情況表達過關切，瑞安在表達類似的關切時，加上了幾個字：「像法國一樣。」在場的美國外交官聽到瑞安大使同意法國的觀點後，立即打電話給美國駐都柏林大使館要求愛爾蘭解釋。美國大使館立即致電愛爾蘭外交部，想了解為什麼瑞安說「像法國一樣」。五分鐘後，坐在瑞安身後的愛爾蘭初級外交官接到了愛爾蘭外交部的電話，問他為什麼瑞安說「像法國一樣」。這說明了五常大使，特別是美國大使，對十個非常任理事國大使的言論有多麼密切關注。儘管如此，瑞安還算幸運：他只被要求做出解釋。相較之下，模里西斯大使質疑美國對伊拉克的政策後，在美國的壓力下差點丟了工作。美國政府向模里西斯政府施加巨大壓力，要求撤回其大使。

小布希政府在伊拉克問題上未能聽取不同的聲音，這是一個悲劇。舉例來說，如果美國聽取法國的意見，就可以避免入侵伊拉克這場災難。但美國代表團並不是唯一不肯傾聽的代表團。我做為駐聯合國大使經歷過最尷尬的時刻之一，發生在巴勒斯坦代表團向聯合國提出一項有關巴勒斯坦問題的決議時。新加坡過去和現在都是不結盟運動的成員，在我們加入聯合國安理會之前，所有不結盟運動成員都有自動支持所有巴勒斯坦決議草案的傳統。由於我們認為這項決議草案並不平衡，使得新加坡成為第一個拒絕支持的不結盟運動成員國。這導致當時的牙買加副大使打趣說，新加坡是第一個投否決票的安理會「當選」成員，因為新加坡做為不結盟運動成員，卻阻止了這項以不結盟運動名義提出的決議草案。在新加坡加入安理會之前，從沒有其他不結盟運動成員拒絕共同提出巴勒斯坦的決議。我們是第一個拒絕這麼做的不結盟運動成員。

與許多在安理會任期內過度誇大自我重要性的當選成員不同，新加坡從未忘記我們是聯合國大會的常任成員和安理會的臨時成員。我們在發言中也強調，安理會是向聯合國大會負責，根據《聯合國憲章》第二十四條規定：「安理會應向聯合國大會提交年度報告，並在必要時提交特別報告供聯合國大會審議。」這清楚表示安理會對聯合國大會負責，而不是反過來。這就是為什麼我在二〇〇一年十一月三十日的安理會會議上說：

> 如果聯合國大會就安理會提交的報告進行過大規模辯論後，我們仍決定忽視他們所表達的意見，而第二年我們的做法還是和往年一樣，那麼我們就是在強化安理會不聽取聯合國大會成員意見的說法。如果我們想展現我們在傾聽，那麼我們就該做一些真正的改變。

可悲的是，許多聯合國大會成員並沒有更積極促使安理會必須向聯合國大會負責。

由於新加坡沒有接受任何五常成員的發展援助或財政援款，我們得以成為少數公開譴責五常成員的當選成員。這發生在二〇〇一年五月由美國擔任安理會主席時，當時的主席是美國大使郭明瀚，而我們公開抗議分配給新加坡代表團的發言時段。理論上，發言時段是根據誰先報名來分配的。我們知道自己很早就報名，應該分配到一個較早的時段，然而卻被排到名單的底部。我們藉由公開抗議，把聯合國祕書處在分配發言時段上總是偏袒五常成員、忽視十個非常任理事國的不正當做法列入紀錄。

在聯合國安理會對五常成員進行這次非同尋常的公開譴責後，我們隨即提出一項提案，要求以「不記名投票」方式決定聯合國安理會的發言時段，以使祕書處無法藉由幕後交易給予五常成員優惠待遇。顯然此舉激怒了五常成員。這成為「遊客」試圖重新布置客廳家具的又一個例子。儘管心懷不滿，他們最終還是同意了我們的提議。

許多人，包括我在新加坡的許多朋友，對國際關係的殘酷幾乎一無所知，尤其是對小國而言。小國經常被提醒，他們在大國之間可以迴旋的空間很小。

這種情況促使我的一位前任，周大思（Chew Tai Soo）大使，在聯合國發起一項倡議，創立一個小國論壇（Forum of Small States），有個非常巧妙的縮寫：FOSS。我認為這個首縮寫很巧妙，因為當時電影《星際大戰二部曲》（*Star Wars: Episode II*）剛在二〇〇二年五月上映，而論壇成員之一，很有幽默感的紐西蘭大使，他在聯合國到處說：「願FOSS與你同在。」

二〇〇二年對我來說顯然是忙碌而活躍的一年，因為這是新加坡進入聯合國安理會的第二年。然而，儘管我的工作忙碌、活躍而且順心如意，卻患上了一種奇怪的疾病：急性背痛。事實上，它痛到讓我不得不放棄所有的體能運動。我不能每隔一天慢跑一次，也不得不暫停打高爾夫球。幸好曼哈頓有許多優秀的醫生。經過一番研究，我找到幾位紐約專門治療背痛的最佳外科醫生。其中兩位給了我壞消息：他們都說我必須做侵入性的脊椎手術才能治癒我的背痛。第一位只說必須切掉我的L4和L5椎骨的一部分，第二位說必須以金屬扣環融合L4和L5椎骨才能擺脫疼痛。安妮和我無奈地做出結論，由於疼痛已經持續了好幾個月，背部手術是唯一的辦法。我們安排了手術的日期。

不過，在那天之前，我決定飛往美國某個小鎮去見一位朋友的朋友，這位朋友以透過物理治療治癒背痛而聞名。我盡可能想避免手術，因為我聽說新加坡駐雅加達武官的妻子奈杜太太因為接受侵入性脊椎手術而癱瘓。這位物理治療師是名和氣的女性，遺憾的是，她的物理治療無效。不過，我在她的書架上發現一本名為《治癒背痛》（*Healing Back Pain*）的書，我問她能否借給我。幸運的是，她借給我了。

讀完這本書後，我發現作者是紐約市的約翰．薩爾諾（John Sarno）醫生。當時他已經快八十歲了，所以不願再收治新病人。幸運的是，他同意見我。我在指定的日期和時間帶著兩千美元現金來到他辦公室。

事實證明，遇見他是我一生中最幸運的事情之一。檢查後，他告訴我，對我動任何脊椎手術都會構成醫療失當，因為我的脊椎沒有任何問題。相反地，他確信我的背痛是承受極度壓力的自然結果。我耐心地旁聽完他為學生上的幾堂課。我也聽從他的建議，在筆記本寫下所有可能帶給我壓力的問題。

神奇的是，這種專注並直接面對壓力來源的治療方法竟然奏效了。幾個月後，我的背痛消失了。我開始恢復慢跑，也能打高爾夫球了。當我回顧這整件事時，我很驚駭自己曾如此接近一項可能導致癱瘓的侵入性脊椎手術。然而，聽從薩諾醫生的建議後，我的背痛完全治癒了！

對那些可能因壓力而引起背痛的人，我毫無保留地推薦《治癒背痛》。薩諾醫生警告我，如果壓力再次出現，疼痛可能會復發，果然，幾個月後，當我還在紐約時，疼痛復發了。復發後，我立即打電話給薩諾醫生，看是否能與他預約。他連聲道歉，並說他的日程安排已滿，但幾個小時後，他打電話問我辦公室的地址。他告訴我，他在紐約大學醫院的辦公室停電，讓他不得不取消所有預約。不過，因為他必須搭乘第三大道的公車回他位於上城的家，他會來我的辦公室看我。對一個八十多歲的老人來說，這是一個極其慷慨的舉動。我深受感動。我毫不懷疑，他的慷慨精神幫助我擺脫了第二次背痛。

透過遵循他的方法，我得以發現我壓力的真正來源。其實那顯而易見：二〇〇二年下半年，我們在聯合國安理會的任期即將結束時，我內心深處一直揮之不去的一個大問題是，新加坡在二〇〇二年十二月三十一日退出安理會後，我該何去何從。回鍋擔任之前的外交部常任祕書是不可能的事，似乎也不可能接手任何其他海外職務。那些職務大部分都會是降職，因為它們很少被認為像為新加坡在聯合國安理會任職一樣重要。

我在其他地方也不容易找到工作。我四處打聽，想看是否有美國智庫對新加坡的外交官感興趣。我的好友陶伯特（Strobe Talbott）當時擔任布魯金斯研究院院長，而該研究院是華盛頓特區一家資金雄厚、享有盛譽的智庫。他說他很樂意接受我。不過，我必須自己籌募資金來支付我的薪水，布魯金斯研究院則會從我籌募的資金分走一部分——做為管理費。由於我不是美國公民，在美國募款並不容易。同樣地，紐約的國際和平學院（International Peace Academy）先是表示對我有興趣，後來又拒絕我。

我們的積蓄很少，這加劇了我的壓力——我的大部分薪水都用來養活我們一家五口，以及我的姊妹和父母。這不是第一次，我的外交生涯似乎走到終點了。我沒有其他退路。很多時候，我上床睡覺時，都對未來感到深深的絕望。

在紐約，幾乎沒有人能感受到我內心的騷亂，部分原因是我母親告訴我應該把奶油塗在嘴唇上並微笑。所以，這就是人們看到的。事實上，我在聯合國和紐約交友圈的社會地位開始大幅攀升，因為有謠言稱我可能接替科菲·安南（Kofi Annan）擔任聯合國祕書長，但這完全沒有根據。安南曾叫我到他的辦公室進行一對一的私人談話，鼓勵我競選祕書長職位。

就這樣，我在二〇〇二年下半年和二〇〇三年上半年，過著很奇怪的雙重生活。外表上，我被視為一顆冉冉升起的新星；內心裡，我感到絕望。背痛來了又去，然後又來。我可以看到路的盡頭正向我走來，除了死路，我看不到別的選擇。

然後，幸運女神介入了。

第十一章——回到學校

這要從二〇〇三年年中在紐約的一次午餐談起。當時擔任副總理的陳慶炎訪問紐約時，邀請我在皇宮酒店（Palace Hotel）共進午餐。該酒店是汶萊政府所擁有，餐廳也很恰當地取名為「Istana」（馬來語「皇宮」的意思）。陳博士告訴我，李光耀將在二〇〇三年九月十六日滿八十歲，內閣想在他八十歲生日時向他和他對國家的貢獻表示敬意。

但有一個大問題：李光耀一生都拒絕將自己的名字冠在任何建築物、機構、橋梁或高速公路上（雖然這是許多國家常見的慣例）。李先生曾多次告訴他的內閣同僚，許多第三世界領導人將自己的名字冠在建築物上，但在他們去世後，名字又被抹掉。李先生表示，他不希望自己的名字被抹掉。每當有人提出為他豎立紀念碑的構想時，他都會回應：「記住『奧茲曼迪亞斯』（Ozymandias）。」他指的是雪萊（Shelly）詩裡的國王，這位國王唯一的遺緒是沙漠中的廢墟，其基座上刻著這樣的話：「我的名字是奧茲曼迪亞斯，眾王之王；看看我的偉業吧，諸王，誰堪比擬！」

在他八十歲生日時，李先生終於做了讓步，同意將他的名字冠在公共政策學院上。內閣成功說服了他，說他為新加坡留下的遺緒將永遠與優良的治理連在一起。因此，一個致力於促進優良治理的機構將是認可其貢獻的好方法。

建立機構本身將是比較容易的部分，找到合適的人來管理它將是一個挑戰。儘管李先生已經八十歲，他在新加坡仍然是一個令人敬畏的政治人物。他繼續威嚇著許多人，甚至是高級公務員。因此，很少有人勇敢或愚蠢到去承擔以他命名的機構的管理責任。同樣困難的挑戰是，找到一個李先生可以接受的人。

因此，被選為嶄新的李光耀公共政策學院院長，是極大的榮幸。當陳博士向我提出這個建議時，我意識到這一點，並立即接受了。儘管如此，在創紀錄的時間內建立一所世界一流的公共政策學院，仍然是一項極具挑戰的任務。

我冒險嘗試的一個關鍵原因是，我十分樂於離開外交界並進入學術界。那個世界一直吸引著我。事實上，在我所有的海外工作中，我一直與學術機構保持連繫，尤其是在紐約。我定期參加哥倫比亞大學和紐約大學的學術研討會，並繼續為國際事務期刊撰寫文章。截至二〇二三年，我是在《外交》雜誌發表文章最多的新加坡人，而且很少有其他亞洲人能像我這樣頻繁地發表文章。陳博士提醒我，要建立一所優良的公共政策學院並不容易。他表示，商學院在財務上本來就容易存活，因為學生期望畢業後能獲得豐厚的薪酬，並且有信心能收回學位的成本。因此商科學生有能力支付學費。相較之下，公共政策的學生，尤其是那些將來會在第三世界政府工作的學生，畢業後的預期收入很少，所以負擔不起學費。因此，正如陳博士告訴我的，公共政策學院必須提供學生獎學金。如果沒有獎學金，我們就無法吸引第三世界的公務員到學院學習。幸運的是，在二〇〇三年九月李光耀八十歲生日宴會上，我們募集了約六千三百萬新元。但我們還需要更多。

我在二〇一七年十二月辭去院長職務時，李光耀公共政策學院已經成為全球獲得捐贈第三多的公共政策學院，僅次於常春藤大學中兩個歷史悠久的學院，即哈佛甘迺迪政府學院和普林斯頓公共與國際事務學院（SPIA）。（事實上，普林斯頓SPIA是李光耀所說的「記住『奧茲曼迪亞斯』」的絕好例子。該學院過去被稱為伍德羅．威爾遜（Woodrow Wilson）公共與國際事務學院，但在一連串針對非裔美國人的暴力事件引發全美國對種族暴力歷史的反思後，普林斯頓於二〇二〇年更改它的名稱。普林斯頓大學校長艾斯格魯伯（Christopher Eisgruber）表示：「當大學以政治領袖命名一所公共政策學院時，這不可避免地暗示了獲得這項殊榮者是該學院學生的楷模。美國歷史上的此一重大時刻已經表明，威爾遜的種族歧視使他不適合擔任這個角色。」）我在擔任院長的過程中，發現自己具備籌募資金的技能。也許我繼承了向來能產生優秀銷售員的信德人基因。

在擔任院長早期，我會親自面見李光耀，向他簡報學院的進度。在一次對話中，我們一致同意應該找亞洲首富、香港商業大亨李嘉誠來資助我們的學院。李先生欣然同意給我一封介紹信，信中有三個簡短的段落。第一段把我介紹給李嘉誠，第二段指出李光耀公共政策學院將以李先生的名字為一棟建築命名，第三段簡潔地說：「我們希望您能做出適當的貢獻。」我問新加坡國立大學發展辦公室，我應該要求李嘉誠資助多少。發展辦公室強烈警告我別要求太多。他們建議三千萬新元。由於教育部會提供配對資助，這將使捐贈基金增加至六千萬新元。

我決定自己研究應該向李嘉誠提議捐贈多少金額。我發現過去他最大筆的捐贈是給香港大學的十億港元（相當於兩億新元）。在沒有諮詢任何人的情況下（也沒有按照公務員的慣例嘗試掩飾自己的責任），我決定要求一億新元。

在我們的香港總領事杜復錦（Toh Hock Ghim）大使的陪伴下，我帶著李光耀的信走進李嘉誠的辦公室。當然，我也準備了三十分鐘的簡報，想在李嘉誠看完信後，向他介紹李光耀公共政策學院的優點。我坐在座椅的前緣，等著李嘉誠一看完信就開始簡報。但李先生突然轉向我問：「多少？」我說：「一億元。」他問：「新元還是港元？」我回答：「新元。」他皺了皺眉頭。然後，他轉向助理艾咪（Amy Au），並以廣東話交談。我不知道他們說什麼。我以為這下完了。

然而，經過三分鐘的討論，李嘉誠先生伸出手來與我握手，說：「好。」我當時差點暈倒。我從未料到他會這麼乾脆且立即同意。我在三分鐘內募集了一億新元。即使是像耶魯和哈佛這樣的知名大學，要募集這麼大的數額通常也需要數週（甚至數個月）的協商談判。

顯然，如果沒有李光耀的信，這一切就不會發生。向李嘉誠成功募款，使我對籌募工作變得更雄心勃勃。在李光耀公共政策學院成立五週年之際，我們設定了籌募五百萬新元的目標，然而我們最終募得三千三百萬新元。當我在二〇一七年十二月卸下院長職務時，李光耀公共政策學院的捐贈已增加到超過五億新元。

募款本來就很難，要人把錢掏出口袋從來就不是一件容易的事。不過，這還不是身為院長最困難的工作。我工作中最難的部分是提高李光耀公共政策學院的學術地位，並讓它成為世界公認的頂尖學院之一。眾所周知，學術機構不可能在一夕之間建成。這就是為什麼最好的大學都有數百年歷史。牛津大學創立於一〇九六年或更早。哈佛大學創立於一六三六年。

即使是在建立學術信譽方面，我也得到李光耀的慷慨幫忙。二〇〇四年初，麥肯錫公司的合夥人決定首次在亞洲舉辦年會，地點選在上海。李光耀同意在這次會議上發表演說，交換條件是麥肯錫為他做一項無償的研究。李先生把這項慷慨的無償諮詢服務捐贈給李光耀公共政策學院。

後來證明這是一份極有價值的禮物。麥肯錫運用它的全球資源，研究了世界各地所有優秀的公共政策學院，萃取出世界級公共政策學院的成功要素。然後，他們向李光耀和包括陳慶炎、張志賢（Teo Chee Hean）及尚達曼在內的新加坡部長團隊提交研究結果。他們為這份藍圖背書後，我不但獲得一條明確的遵循路徑，並且獲得政治上的支持。麥肯錫團隊中的伊安努卡（Stavros

Yiannouka），後來決定加入李光耀公共政策學院，協助實施這項計畫。

他對學院的成功做出了巨大貢獻，團隊的其他創始成員如法蘭西斯（Francis Chong）、許永達（Hui Weng Tat，音譯）、陳思賢（Kenneth Paul Tan）和弗里岑（Scott Fritzen）也都貢獻良多。二〇一二年，學院成立八週年之際，我們決定出版一本書，記錄學院如何以及為何能成功。這本書包含許多寶貴的智慧。

例如：制定公共政策學院的課程並不容易。未來的公共服務領導人需要學習什麼呢？麥肯錫的研究發現，理想的課程應包括經濟、政治、領導和管理。我從李光耀身上學到的一個人生教訓是他經常說的這句話：「我查核，再查核，又查核，然後我又再查核。」因此，當我們出席達沃斯世界經濟論壇（WEF）年會時，我決定向世界最著名的公共政策學院院長奈伊再次確認麥肯錫對課程的建議。奈伊教授證實了麥肯錫的建議是對的。

一所優良的學院最終取決於優秀的師資。我最困難的工作可能是從哈佛大學、牛津大學和倫敦政經學院等世界頂尖學校招募世界級的教師。這並不容易。不過，我們最終成功了。老實說，我們受益於學院是新加坡國立大學的一部分，自二〇〇四年李光耀公共政策學院成立以來，新加坡國立大學的學術排名也持續攀升。二〇〇四年新加坡國立大學在 QS 世界大學排名位居第十八名，但到二〇二四年已上升到第八名。我擔任院長的一大幸事就是，與我共事的三位新加坡國立大學校長施春風（Shih Choon Fong）、陳祝全（Tan Chorh Chuan）和陳永財（Tan Eng Chye），都給了我極大的支持。他們是我一生中遇過最好的上司。在我擔任院長初期，施春風給我一本了解大學本質的好書：羅索夫斯基（Henry Rosovsky）所寫的《大學：擁有者手冊》（*The University: An Owner's Manual*）。這是一本寶貴的書，它讓我認真思考誰「擁有」李光耀公共政策學院。答案並不明確！

羅索夫斯基的觀點是，大學的主要「擁有者」是教師、行政人員和學生。而顯然在他看來，學生位居第一位。他寫道：「大學就是學校，如果沒有學生，學術終將枯竭。每個社會有機體都需要年輕人取代老年人才能生存。」[1]感受他們帶來的活力和理想主義。我們的課堂高度全球化，正如麥肯錫所建議的，理想的李光耀公共政策學院班級應由如下比例的學生組成：二〇%來自新加坡，二〇%來自其他東協國家，二〇%來自中國，二〇%來自印度，二〇%來自世界其他地區。很少有其他公共政策學院能與我們的多樣性相媲美。

身為院長，我最大的樂趣之一來自於與學生的定期互動。我並未在學校授課，但我定期與學生見面並向他們演講。我特別喜歡發表歡迎演說。我會提醒他們，他們可以從教授和教科書裡學到很多，但他們也能從同學身上學到很多。在解決公共政策問題時，許多學生會以為存在一個明顯的解決方案，直到他們聽到世界其他角落的學生的觀點，他們很快就會發現，看待同一個問題的方法有許多種。

我也會提醒他們一句眾所周知的格言：在他們職業生涯早期，他們將憑藉自己擁有的知識以取得成功。但在後來的職涯中，成功也將取決於他

1 Henry Rosovsky, *The University: An Owner's Manual* (New York: W. W. Norton, 1991).

們所認識的人。世界上很少有學生能像我們的學生那樣，在畢業時擁有如此多樣化的全球網絡。這樣的網絡可以在很多方面派上用場。桑默斯（Larry Summers）曾告訴我一個故事，說的是二〇〇五年有一艘俄羅斯海底救援潛艇被困在太平洋海面下六百英尺的地方，潛艇內的七名船員很快就要用盡氧氣。一位曾到哈佛甘迺迪政府學院上課的俄羅斯海軍上將，打電話給他的老同學，美國駐莫斯科大使館的武官，請求援助。兩位甘迺迪政府學院老朋友的這通電話，促成美國、英國和俄羅斯海軍的聯合行動，最後成功救出那些船員。

這麼多國際學生選擇就讀李光耀公共政策學院的一個關鍵原因是，他們想找出新加坡治理如此出色的祕訣。因此，我會向每一屆新生發表一次演講，免費透露新加坡取得非凡成功的「祕密」。我把它歸結為一個簡單易記的縮寫：MPH。大多數人熟悉這個縮寫，並把它和「英里／小時」連結在一起。但在我的演講中，MPH代表英才統治（meritocracy）、務實（pragmatism）和誠實（honesty）。我還給了學生百分之百的保證：如果他們能在自己的國家嚴格執行MPH，他們的國家就會像新加坡一樣成功。我告訴他們，我個人在建立李光耀公共政策學院時就應用了MPH原則。

英才統治很容易解釋。它就是挑選最優秀的人才來管理一家公司或一個組織、社會或國家。從一九六五年新加坡獨立以來，李光耀一直確保只選最優秀的人才進入政府任職。同樣地，我盡一切努力確保我們挑選最優秀的人才擔任學術和行政領域的領導職務。我們選出的許多人，後來都在其他地方擔任更高階的領導職：伊安努卡後來在卡達擔任世界教育創新峰會（World Innovation Summit for Education）的執行長，圖米內斯（Astrid Tuminez）後來出任猶他谷大學（Utah Valley University）校長，許永達（Hui Weng Tat）出任哈薩克阿斯塔納（Astana）的納扎爾巴耶夫大學公共政策研究所（Nazarbayev University Graduate School of Public Policy）所長。我們也尋求各國有才能的教師。

務實是指願意從世界各地的任何來源學習最佳做法。吳慶瑞對我說：「馬凱碩，不管新加坡遇到什麼問題，都曾經有人遇到過。讓我們找出他們是如何解決的。然後我們可以調整他們的解決方案，應用在新加坡。」我告訴學生，新加坡的成功是透過變成世界上最好的模仿國家。

李光耀公共政策學院也透過效法其他學院的最佳做法而取得成功。麥肯錫與我們分享了其中的許多做法，而我們也不斷學習更多做法。令人訝異的是，我們取得如此巨大的成功，使得我們在不到十年的時間內就得以加入全球公共政策網絡（GPPN）和國際事務專業學院協會（APSIA）等姊妹機構的頂尖聯盟。加入GPPN並不容易。我們必須與哥倫比亞大學、倫敦政經學院和巴黎高等政治學院的創始學校簽署「雙學位」協議。在李光耀公共政策學院創立前，許多新加坡大學機構只能藉由支付額外費用才能簽署雙學位課程協議。我們可能是第一所與常春藤盟校簽署雙學位課程協議而無需支付費用的機構。簡單來說，我們的學術水準獲得我們領域內一些最佳機構的認可。

誠實一直是最難執行的原則。正如我在一九九〇年一篇題為〈九〇年代發展中國家的十誡〉的文章中所寫的：「你必須承認，腐敗是發展失敗最重要的原因。」新加坡的三位開國元勛李光耀、吳慶瑞和拉惹勒南都極其清廉。因此，他們設定了非常高的廉潔標準，我們所有人都被期待要遵守。

為了說明新加坡的運作方式，我告訴學生我獲得一億新元捐贈後離開李嘉誠辦公室時發生的事。按照香港的習俗，李先生送我一枝萬寶龍（MontBlanc）鋼筆做為禮物。我暗自叫苦。我知道如果我決定保留它，將必須為這枝筆向新加坡國立大學支付約五百新元。我並不需要萬寶龍鋼筆，一度考慮把它交給新加坡國立大學而不保留它。不過，我想到李嘉誠有可能在某一天來訪我的辦公室，正如一年後他真的來了。當他來訪時，我自豪地向他展示了他送我的筆。我沒有告訴他，我必須支付五百新元才能保留他的禮物。

高標準的誠實為新加坡帶來巨大的益處，但它實施起來並不容易。我聽說過一則李光耀公共政策學院的畢業生回到中亞國家後發生的悲慘故事。他決定在他被選為領導人的組織中實行菁英管理原則。他提拔了最優秀的官員，並裁撤幾個表現不佳的人。不幸的是，他裁撤的一名表現不佳者是該國總統的親戚。結果，這位李光耀公共政策學院的畢業生丟了工作，因為他嘗試在一個不認可新加坡成功「祕訣」背後核心原則的社會實行這套公式。

這個失敗的故事必須與數百個成功故事平衡看待，有許多人以不同方式成功實行了他們在李光耀公共政策學院學到的優良管理課程。他們因此改善了成千上萬，甚至數百萬民眾的生活。舉例來說，李光耀公共政策學院的一名畢業生利用新加坡的經驗，消除菲律賓一家醫院大排長龍的現象，從而幫助了許多人。看病不再那麼費力了。透過學院畢業生施展的才能，身為學院院長的我，知道自己的工作實際上改善了許多人的生活，這讓我感到非常滿足。

李光耀公共政策學院院長的職位也幫助我開啟人生中另一個有意義的篇章：出版了幾本書，對改變全球輿論產生了一些影響。陳慶炎在向我提議擔任院長職位時曾說過，為了提高我在學術界的信譽，我應該出版一本書。幸運的是，他是在二〇〇三年我還在紐約時說這番話。我馬上開始找出版商，並且連繫上紐約的 PublicAffairs 出版公司。事實上，PublicAffairs 至今已出版我的五本書，包括您正在閱讀的這一本。

從某方面來說，PublicAffairs 在我的第一本書《超越純真時代》（*Beyond*

the Age of Innocence）之後還繼續出版我的其他作品，實屬難得，因為這本書在銷售上並不成功：我收到的總版稅還少於預付金，所以出版商很可能賠錢。這本書之所以賣不好，可能是因為它從一個非美國的人角度提供美國人建議，告訴美國如何更好地處理與世界其他國家的關係。這些建議可能很好（我相信如此，而且它確實是出於希望美國成功的用心）；然而，我開始意識到，美國人並不真的想聽非美國人的建議。

我以為我在PublicAffairs的出版生涯可能已經結束了。幸運的是，他們給了我第二次機會。《亞半球大國崛起》（*The New Asian Hemisphere*）在二〇〇八年出版並大獲成功。這本書不但賺回預付金，還被翻譯成多種語言，包括阿拉伯文、中文、荷蘭文、法文、德文、印尼文、義大利文、日文、韓文、西班牙文和越南文。這本書最盛大的發表會在埃及開羅舉行，背景是金字塔。這本書也帶來許多酬勞豐厚的演講活動。

憑藉這本書和隨之而來的演講機會，我成為我們這個時代最偉大故事——亞洲重返世界舞臺——的主要敘述者之一。這反過來又使我被列入幾份世界上最有影響力的全球公共知識份子的精選名單中：《金融時報》在二〇〇九年把我列入一份「影響未來資本主義有關辯論」的五十人精選名單，大大提升了我的全球地位。這份名單包括歐巴馬（Barack Obama）、溫家寶和梅克爾（Angela Merkel）等全球知名人物。同樣地，《外交政策》和《前景》把我列入二〇〇五年百大公共知識份子排行榜。看到我的研究和著作能與這些全球知名人物的作品相提並論，我非常高興。我認為這將會帶來好處，我的全球學術地位的提升，我身為李光耀公共政策學院院長的工作也會因此受益。

我完全不知道我正在播下自我毀滅的種子。新加坡當局的一些人對我日益引人注目的形象並不滿意。我應該早就察覺到《海峽時報》的暗示，如果允許我含蓄地說，《海峽時報》對新加坡政府的觀點極為敏感。它會發出精確的認可和不認可的訊號。因此，我應該重視《海峽時報》不願意報導我被列入多份全球名單的任何消息，儘管世界上其他地方如印度，對此大肆報導。

《外交政策》和《前景》在二〇〇五年把我列入它們首度評選的名單，然後在二〇〇八年把李光耀列入它們第二度評選的名單，這可能在無意中對我造成了很大的不利影響。我在當時並沒有特別重視這件事。不管是在新加坡還是全世界，李先生都是一位巨人，而我充其量只是一個鮮為人知的院長或作家。我並不認為這會損害我和李先生的關係。然而，確實發生了一些奇怪的事情。大約那個時間點，在李先生於總統府舉辦的一次小型晚宴上，當我問他一個問題時，李先生嚴厲地貶抑我。同桌的友人注意到這一點，並提醒了我。隨後在另一個活動上，我又向李先生提出問題，他對我的態度更加嚴厲。更多的朋友注意到了這一點。

儘管如此，這些似乎都是孤立的小事件，而在較大的背景下，不管是對李光耀公共政策學院還是對我來說，一切似乎都進展得很順利。學院的全球地位持續上升。同樣地，我的個人地位也持續提高。每年我都受邀參加達沃斯年會。世界經濟論壇的創始人施瓦布（Klaus Schwab）甚至邀請我參加獨家的全球大學校長論壇（GULF），這個論壇主要由大學校長組成，只有兩位院長——哈佛甘迺迪政府學院院長，和擔任李光耀公共政策學院院長的我。

二〇〇六年二月二十一日，GULF的兩位主席之一桑默斯突然請辭，施瓦布必須尋找接替者。施瓦布並沒有找一位常春藤聯盟大學校長，而是邀我出任GULF的共同主席。能夠獲得這個聲望卓著的組織認可，我感到十分榮幸。

我從許多外國來源獲得的讚賞似乎是深刻而真誠的，它們以多種不同的方式呈現。例如：二〇〇八年墨西哥前總統塞迪略（Ernesto Zedillo，一位傑出的學者，將以墨西哥最誠實的總統而被載入史冊）邀請我加入一個名人委員會，以評估國際原子能總署（IAEA）的未來，它是世界上最有權力的機構之一，負責監測核擴散。

我收到了其他正式和非正式的訊號，顯示我的國際地位很高。有一年，在達沃斯的一條走廊上，一位高大的紳士拍了我的背，問我是不是馬凱碩。我說是的，然後問他是誰。他說他是荷蘭首相巴爾克嫩德（Jan Peter Balkenende）。我問他是怎麼認識我的，他告訴我，他的母親讓他讀荷蘭版的《亞半球大國崛起》，這本書在當地已經成為暢銷書。

二〇〇四年至二〇一四年擔任印度總理的曼莫漢・辛格（Manmohan

Singh），在他的「總理全球諮詢委員會」中設立了一個名人顧問小組，其中包括諾貝爾獎得主阿馬蒂亞．森（Amartya Sen）、哥倫比亞大學的巴格瓦蒂（Jagdish Bhagwati），以及百事可樂執行長盧英德等傑出人物。辛格也邀請我加入。

顯然，新加坡政府中的一些人注意到我日益增長的國際地位，並認為這對新加坡可能有益。因此在二〇一〇年，當時的國家發展部部長馬寶山（Mah Bow Tan）邀我共進午餐。馬部長告訴我，李光耀已同意以他的名字命名第二個計畫。它將被稱為李光耀世界城市獎（LKYWCP）。為了評選獲獎者，LKYWCP需要一個評審團和一個提名委員會。新加坡最傑出的人物之一，喬．比萊（Joe Pillay），已經同意擔任評審團主席。馬部長問我是否願意擔任提名委員會主席。

這個邀請讓我感到驚訝。與曾經擔任國家發展部常任祕書的皮萊先生不同，我在城市規畫或城市管理問題上沒有任何經驗。我唯一能提供的就是我的名字。我只希望這能吸引一群適合的傑出人士來擔任提名委員。幸運的是，國家發展部設法吸引了一批優秀的成員加入委員會，其中包括哈佛大學的阿特舒勒（Alan Altshuler）。

我很高興阿特舒勒教授同意參加第一輪的評選，因為哈佛的一些人認為他是哈佛社群最聰明的人之一。我從他和這個傑出團體的其他成員身上學到很多。第一輪評選結束後，阿特舒勒教授要求退出。我問他為什麼。他告訴我，評選獲獎者真正辛苦的工作都是由「提名委員會」完成的。我們必須篩選申請者，訪問入圍城市，然後經過多次會議討論，才能提名獲獎者。相較之下，陪審團只會開一次會，並且總是支持提名委員會的選擇。

儘管如此，我非常喜歡與提名委員一起工作。所有討論都很坦誠而且有趣。我們做了大膽的選擇。我強烈建議委員會不只考慮已享有數十年發展的歐洲城市，也應該認可那些克服重重困難而展現進步的第三世界城市。在我擔任提名委員會主席的四輪評選中，獲獎城市形成了一個多樣化的群體：畢爾包（Bilbao）、紐約市、蘇州和麥德林（Medellin）。

我還與兩位印尼總統——尤多約諾（Susilo Bambang Yudhoyono）和佐

科威（Joko Widodo）——建立了良好的關係。尤多約諾總統在二〇一二年邀請我成為第三位向內閣發表演講的人（繼比爾．蓋茲和肖卡特．阿齊茲之後），讓我備感榮幸。有鑑於印尼和新加坡之間在規模上的懸殊差距，以及印尼人對新加坡矛盾的歷史情感，這是一次特殊的邀請。二〇一三年十二月，時任雅加達省長的佐科威邀我與他互動一天，當時他正要宣布參與二〇一四年的總統競選，並試圖提升自己的國際形象。

二〇一六年，我經歷了一件通常被描述為不幸的事：心臟雙繞道手術。實際上，這是一個幸運的發展：我能及時上手術檯真的很幸運。我在被送進開刀房前，有好幾次差點死去。

有兩次，當我晨跑大約一公里時，感到胸口一陣疼痛，我站在路上，身體無法動彈。這兩次，我的身體都好轉了，我繼續跑步，甚至還衝回家。這讓我相信自己沒事。幾天後的一個週六下午，我參加外交部前上司李炯才（Lee Khoon Choy）的追悼會。他的兒子李俊能（C. N. Lee）是新加坡最好的心臟科醫生之一。我向俊能描述了我的狀況。俊能堅持要我在週一早上進行心臟的全面檢查。幸運的是，我得以安排在新加坡中央醫院做一整天的檢查。

檢查結束時，心臟科醫生告訴我，我需要進行雙繞道手術，因為我的動脈有兩處明顯的阻塞，其中一條的阻塞程度高達九〇%。我對這個消息大感震驚。我告訴心臟科醫生，我要回家考慮一下。醫生說我可以考慮，但不能回家。我問為什麼不能。他說他們對我還沒有發作嚴重的心臟病感到很驚訝。他們相信我很快就會發作。他們說心臟病發作在醫院比在家中更容易康復。從他們對我說的話來判斷，顯然動脈堵塞很嚴重。醫生解釋，由於我定期跑步五十多年，當主動脈阻塞時，我心臟的輔助動脈自然地繞道而行。這就是我在經歷兩次堵塞後還能繼續跑下去的原因。

我諮詢過的所有醫生都告訴我，我別無選擇：必須盡快進行繞道手術。幸運的是，週二早上手術房有空檔。我仍然清楚記得那天晚上在加護病房醒來的情景。我花了幾週才康復。安妮不得不慢慢地、耐心地陪我在附近走動。一開始我連一百公尺都走不了，最後我完全康復，並重新開始跑步。回顧這件事，我發現自己特別幸運。

二〇一四年七月一日，我連續三度連任五年任期的院長，這似乎是一個完全自然的發展。新加坡國立大學特別高興的是，學院成功地從頂尖大學招募了知名教師，包括白康迪（Kanti Bajpai）、鄺雲峰（Khong Yuen Foong）和柯成興（Danny Quah）等人。在財務上，我們的情況好極了。我們也吸引了高品質的學生。就我個人而言，我的學術貢獻持續受到頂尖大學的認可。康乃爾大學在二〇一三年邀請我成為巴特爾斯世界事務（Bartels World Affairs）研究員。哈佛甘迺迪政府學院邀請我在二〇一五年四月發表艾伯特．戈登講座（Albert H. Gordon Lecture），令我備感榮幸。早期在該講座發表演講的人有戈巴契夫總統和老布希總統。這場以「當中國成為第一時會發生什麼？」為題的講座很成功，截至二〇二三年八月，YouTube上的累積觀看次數已超過四百萬。

不過，我沒有完成第三個五年任期，而是在雙方協議後出任李光耀公共政策學院理事會主席。新加坡國立大學校長和我達成共識，我應於二〇一七年十二月三十一日卸任院長職位。二〇一七年十月突然宣布我將離職的消息，難免引發外界揣測我是否被要求辭職。我必須承認，起初我對未能完成第三個五年任期確實感到有點失望。但在卸任後不久，我發現自己的生活有了明顯的改善。新加坡國立大學給了我進修休假，讓我得以在六所全球頂尖的大學都待上一段時間：哥倫比亞大學、哈佛大學、復旦大學、巴黎政治學院、喬治城大學和牛津大學。

二〇一八年一月，當我前往哥倫比亞大學進修休假時，我問自己：「有多少人在六十七歲接受心臟繞道手術，然後在六十九歲時進修休假，同時還能領薪水？」我熱愛大學，並且希望繼續我的學習生活，進修休假對我來說是一種享受。當時我已經決定出版一本有關中美關係的書，所以我有明確的研究焦點。所有這些研究的最終結果很令人滿意，我在二〇二〇年一月出版了《中國贏了嗎？》（*Has China Won?*）。

進修休假結束後不久，我在二〇一九年七月一日被任命為亞洲研究所（ARI）的傑出研究員，我與新加坡國立大學的關係開啟了新篇章。我接受這項任命時已滿七十歲，但我決定不放慢腳步。《中國贏了嗎？》在二〇二〇年一月出版後，我原本預計在二〇二〇年年中到美國旅行數週，巡迴宣傳這本書。不幸的是，新冠病毒從中作梗，整個書籍宣傳活動不得不取消。這本書可能因此遭遇災難性失敗，但事實證明它大獲成功。我甚至收到桑默斯慷慨的讚賞，他在二〇二一年一月接受彭博社（Bloomberg）現場採訪時表示，這本書是他二〇二〇年讀過最好的三本書之一。

新加坡很小，當新加坡人需要從日常生活中解脫一下時，國內旅行並不是一個選項——從國內這一頭開車到那一頭只需要一小時。我預期將近兩年的旅遊禁令（二〇二〇年的大部分時間和二〇二一年一整年）將會很難過，因為我已經對定期出國工作和旅遊上癮了。然而，我很享受不旅行的安靜歲月。讓我大感驚訝的是，這兩年我的演講和著作的全球影響力明顯增加了。由於無法親臨現場，我透過 Zoom 發表了幾場演講，然後主辦者把它們發表在 YouTube 上。有幾場演講的影片在世界各國的觀看次數多達數百萬。我在疫情期間成為社群媒體消費爆炸性成長的受益者。

我也喜歡沿著東海岸公園長距離跑步或散步，晚上我會邊走邊聽 Spotify

上的播客。幾個小時就這樣輕鬆地過去了。二〇二一年底時，我的 Fitbit 手表告訴我，我在三百六十五天裡平均每天跑步或步行十一公里。換句話說，我在一年內走了四千公里。如果沒有新冠病毒，這一切都不會發生。

儘管疫情為所有人帶來了許多限制，但在新加坡國立大學和亞洲研究院的認可下，我於二〇二〇年七月成功發起亞洲和平計畫（Asian Peace Programme, APP）。年輕時我是一個充滿理想的和平主義者，致力於促進和平。進入職場後，特別是在我的外交生涯中，我變成一個冷靜務實的現實主義者。我也和李光耀和吳慶瑞等現實主義者一樣，堅定相信實現和平的最好方式就是對大國關係保持冷酷的現實主義。如果我們更關注包括最近發生戰爭的烏克蘭和加薩等地區的地緣政治壓力和緊張局勢，許多戰爭都可能避免。遺憾的是，儘管和平至關重要，但我們研究戰爭所花費的資源遠遠多於研究和平。我認為，和平事業可以受益於更多的聲音，特別是亞洲的聲音，我們應該探討如何讓這個區域的國家緩解緊張局勢，並逐步解決分歧。亞洲，特別是東亞，享有一大幸運是，從一九七九年中越戰爭以來，該地區沒有發生過重大戰爭。然而，歷史教導我們，和平絕不能被視為理所當然。從朝鮮半島到南海之間，存在許多潛伏的爭議和地緣政治熱點，所以積極主動地維護和平是最好的策略。事實上，實現亞洲世紀的最大威脅就是爆發一場大戰。

二〇二〇年六月，中國和印度在加勒萬河谷（Galwan Valley）爆發小規模衝突，這件事證明亞洲和平計畫成立時的擔憂是有根據的。許多中國和印度士兵在衝突中喪生，導致中印關係嚴重倒退。在這場衝突發生之前，習近平主席和莫迪總理會談的時間可能比任何兩個競爭的大國領袖都多。二〇一八年四月他們在中國武漢共度兩天，二〇一九年十月又在印度馬馬拉普拉姆（Mahabalipuram）共度了兩天。他們的長時間會談帶來許多成果。兩國之間的信任提升，貿易也增加了，貿易額從二〇一四年莫迪總理上臺時的七一〇億美元增加至二〇一九年的八五〇億美元。[2]

2 World Bank, World Integrated Trade Solution (WITS) database, accessed February 6, 2024, https://wits.worldbank.org/.

不過，衝突發生後，習近平和莫迪沒有再舉行過雙邊會談。衝突讓一切都倒退了。亞洲和平計畫嘗試藉由發表白康迪的一篇文章來緩解情勢，文中提議，兩國應在爭議地區安裝虛擬監控系統（使用攝影機、感測器、無人機和衛星偵察），以判定是否發生越界情況，進而避免未來的衝突事件。我們的文章發表於二〇二〇年七月，接下來的幾個月內，中國和印度都沿著實際控制線裝設了更多監控設備。我們永遠不會知道這些感測器是不是根據亞洲和平計畫的建議安裝的。然而，如果亞洲和平計畫的一個小建議能夠帶來改變，我們就有助於維護或加強和平。

亞洲和平計畫的願望是能像一根小針灸針一樣扮演謹慎而有效的角色。在適當的時間插入正確的位置，它可能產生巨大的效果。它也可以減輕很多痛苦。幸運的是，許多捐助者已經站出來支持我們的努力，這證明許多亞洲人相信美好的未來就在前方。

二〇二二年二月烏克蘭戰爭爆發和二〇二三年十月加薩戰爭爆發，進一步強化了歷史的重要教訓：我們永遠不能認為和平是理所當然的。如果亞洲和平計畫能點燃一根小蠟燭，讓這些黑暗勢力遠離亞洲，那將為亞洲世紀做出有意義的貢獻。當我跑進生命跑道的最後一圈時，這似乎是一個合宜且恰當的使命，我可以把餘生奉獻給它。

第十二章——快樂的結局

往往，我們的命運在出生時就已經決定。

我在一九四八年出生時，父親是二十八歲的信德男人（他是孤兒，並養成了自我毀滅的生活習慣），母親是二十三歲的信德婦女（孤身在新加坡），我應該與經歷了相同童年的三個姊妹有著相同的命運。我不應該上大學。或者我可能會和其他大約同時出生在新加坡的信德男孩有相同的命運。他們幾乎沒有人上過大學，但有些人成為了富有的商人。

我所享有的最大特權就是能夠汲取豐富的心靈生活。我毫不懷疑我父母和姊妹有足夠的聰明才智可以讀大學，但從沒有人給他們機會。而我有。

憑藉著教育賦予的力量，我得以克服出生為「英國臣民」、在自己國家是二等公民的挑戰。但如果我沒有親身經歷過這種心理上的殖民化，就不會了解它意味著什麼。我的旅程並未因殖民主義而翻覆！如果沒有學習哲學，我永遠無法徹底了解西方主導世界歷史的時代，這也是我許多著作的主題。我在成長過程中對西方懷抱深刻且真誠的欽佩，尤其是對那些比任何其他文明都更能幫助我們了解人類狀況的偉大思想家。

我同樣也很幸運地經歷了令人振奮的後殖民思潮。我從來都不是自由鬥士。我十一歲時，新加坡從英國人手中獲得自治權。然而，正如我的母親也是一位熱烈的印度民族主義者，我愈來愈尊重和欽佩像是聖雄甘地（Mahatma Gandhi）和尼赫魯（Jawaharlal Nehru）這樣偉大的自由鬥士。事實上，對我影響深遠的一本書是尼赫魯的《發現印度》（*A Discovery of India*）。這本書讓我擺脫對白人的自卑感，並對我的印度傳統產生了更大的自信。

在童年的大部分時間裡，我都是溫順服從的。當母親要我和她坐在一起，以牛奶洗浴印度教諸多神祇的小雕像時，我並沒有反抗，雖然有時候我會想，牛奶的殘留會不會把螞蟻吸引到神龕上。當我母親定期帶我去參加印度教祈禱會時，我也沒有反抗。我小時候會盡責地向每一位來到我們家的長輩鞠躬，並觸摸他們的腳。我尊重強加在我身上的所有傳統。

但我內心一定有某種神祕的叛逆因子，在我去新加坡大學學習時，它被解放了。我的教授或同儕都沒有鼓勵我反抗；它是自然發生的。我開始在很多方面挑戰權威。幸運的是，我的哲學教授歡迎不同意見，並且喜歡我在課堂上挑戰他們，就像我經常做的那樣。哲學系的一位同學告訴我，他常常看到我坐在班級最後一排，閉著眼睛，顯然是睡著了。然而當講課結束時，我常常是第一個提出問題並挑戰教授的人。

隨著政府逐漸變得更專制，這種獨立的因子在年輕的新加坡可能被視為一種負擔。事實上，在我於一九七一年加入政府服務六年後，我兒時最好的朋友孫合記因為左翼的傾向而被政府拘留。被拘留不會是一個愉快的經驗。他被強迫全身赤裸坐在冰冷房間裡的冰塊上。那樣的經歷很可能危及他的生命，因為他從小就患有癲癇。我的其他朋友，如何光平和森庫圖萬（Arun

Senkuttuvan），也曾在類似的情況下被拘留。我的公務員同事強烈告誡，我不要為孫合記出面干預。不過，我的叛逆性格和對老朋友的忠誠讓我不顧一切，為他寫了一封強烈的辯護信。幸運的是，他後來被釋放了，而我為他辯護並沒有受到任何傷害。

一九七三年我很幸運被派駐柬埔寨。在大學時，我認為道德使命就是反抗強大和霸道的新加坡政府。在柬埔寨，我發現還有一個更重要的道德使命：在一個充滿區域和全球地緣政治霸凌的世界中，捍衛小小的新加坡。這種道德信念給了我很大的慰藉，讓我在新加坡外交部服務了三十三年，盡自己的一份力量來捍衛和宣揚新加坡。

當時我還沒有完全意識到這一點，但在柬埔寨的戰爭經驗直覺地為我上了我後來才明白的一課：戰爭是地緣政治無能的結果，和平是地緣政治得力的結果。最近發生的伊拉克戰爭、烏克蘭戰爭、加薩戰爭等，都證實了這一點。如果領導人關注基本的地緣政治現實，這三場戰爭本來是可以避免的。李光耀向來被認為是一位頭腦冷靜的地緣政治現實主義者。在任何定義下，他都是個硬漢。他知道什麼時候戰爭是不必要的。二〇〇三年伊拉克戰爭爆發前夕，當我告訴他小布希總統可能會入侵伊拉克時，他嘆了口氣。我當時就感覺到他認為那場戰爭將是一場災難。事實證明，他的直覺是對的。

我繼承了新加坡開國元勛的「現實主義」地緣政治觀點，但我也從未失去「理想主義」傾向。我仍然相信，如果展現足夠的善意，世界就會變得更美好。吳慶瑞則沒有那麼理想主義。一九八四年我擔任新加坡駐聯合國大使時，問吳慶瑞我的使命是什麼，他以一貫的冷酷方式回答：「馬凱碩，去為第三世界哭泣吧。」他說這句話顯然是帶著嘲弄的意味。不過，拉惹勒南沒有那麼憤世嫉俗。他相信聯合國和《聯合國憲章》已經發揮了作用。他是對的。

如何在我心中平衡現實主義和理想主義的傾向，仍然是一個持續存在的挑戰。解決內在緊張的方法之一，就是把它們寫下來。不管用什麼方法，我必須放下我在雙邊和多邊外交等不同領域的工作中所學到的東西。

在聯合國工作十多年後，我對英美媒體對這個重要的全球組織的重大誤解感到震驚。由於我一直對英美媒體抱持非常批判的態度，我應該解釋，這是世界對它們期望很高的結果。它們宣稱對世界情勢的描述是公平、誠實、客觀、冷靜和準確的。這在幾十年前可能是正確的，但在今日卻遠非如此。因此，我和許多其他亞洲人對英美媒體的失望，是對它們的高期望落空的結果。這是我在二〇一三年出版《大匯流》的其中一個原因（而《金融時報》將它評選為二〇一三年最佳書籍之一，讓我感到很榮幸）。我寫書的另一個重要使命是，鼓勵我的亞洲同胞提高自信心。這顯然是我第一本書的主要目標之一，因此我刻意用了一個挑釁的書名：《亞洲人能思考嗎？》（*Can Asians Think?*）大多數書籍，尤其是非小說類書籍，五至十年後就會絕版。令我十分自豪的是，這本書在二十五年後仍然持續印行，並繼續在機場書店出售。它讓人們對興起中的亞洲世紀有初步的了解。

許多亞洲社會的文化自信爆發是一個具變革性且令人喜悅的事件，值得見證和參與。我在一九六九年初次造訪孟買時，它是個典型的第三世界城市，充斥著貧困的居民。在那裡，躲避乞丐成了一門藝術。當時印度很少人相信他們的國家會有美好的未來，因為二十年的獨立對生活水準只帶來微小的改善。直到二〇二三年十一月我最近一次訪問孟買時，我感覺自己來到一個不同的宇宙。我在青年總裁協會（YPO，美國人創立）採訪過的五十或六十位年輕企業家（他們每個人的淨資產都超過二．五億美元），是我一生中遇到最有活力、最樂觀的年輕企業家。街上仍然有窮人，但他們似乎也被新自信所感染，這要歸功於許多他們可以透過手機直接感受到的新公共政策的影響。一九九〇年，印度十億人口中可能只有不到五百萬部手機。現在智慧手機用戶超過六億。如果我母親能看到這一切，她一定會對這個充滿新希望的新印度驚訝不已。

歐巴馬在《無畏的希望》（*The Audacity of Hope*）等書中，勇敢而精確地嘗試描述他身為一個由單親母親撫養長大的混血孩子（像我一樣）的早年生活。我在年輕時絕對沒有懷抱什麼無畏的希望。與歐巴馬不同，我並沒有夢想成為總統。我還是小孩時，從沒想過我除了成為紡織品銷售員（也許是個讀了很多書的銷售員），還能渴望成為其他什麼樣的人。而在新加坡大學讀了幾年後，我唯一的夢想只是成為一位哲學老師。

我從未實現過這個夢想。然而，即使沒有無畏的希望，我也設法實現了更為遠大的夢想。我的生活從貧窮走向富裕。當我還是小孩時，我們六個人住在一間單臥室的連排房屋裡。現在長大成人了，我和安妮住在一棟有六間臥室的大房子裡。我還是小孩時，從未在最瘋狂的夢想中想過我有一天會在土地稀缺的新加坡擁有一棟平房。

但我走過的最豐饒的道路始終是在思想領域。從我的哲學教授在武吉知馬校園點燃的火花開始，我繼續坐在許多偉人的腳上領悟到更深刻的見解。在思想的世界裡，我過著真正蒙受恩寵的生活。能與全球的廣大讀者分享我的想法並得到他們的回饋，尤其是來自我的亞洲同胞的回饋，讓我感受到更大的恩典。

我的書沒有一本登上《紐約時報》暢銷書排行榜。在過去，這可能表示它們沒有達到目標。但《紐約時報》可能不再是那麼重要的標竿了。當我在二〇二二年一月以開放存取（open-access book，意味著免費）的方式出版《亞洲的二十一世紀》（*The Asian 21st Century*）這本文集時，出版商希望它能被下載兩萬次。在我撰寫這個章節時，亞洲和世界各地的下載已超過三百四十萬次。我們已經展開一場不需要透過西方媒體傳統機構進行中介的對話。在亞洲和更廣大的地區，正在進行一場充滿活力的知識性對話；讀者和作家正在開闢更多的途徑。我們不需要任何人的許可，也不需要遵循倫敦或紐約設定的路線圖。

我很高興能親身經歷實現亞洲夢的過程，甚至為亞洲世紀的到來略盡棉薄之力。真正令人振奮的是，我發現自己走過的這段從貧窮到富裕、從無知到受教育和求知的道路，將被數百萬甚至數十億的亞洲同胞複製。成為這場偉大的亞洲復興運動的其中一名先驅，是我一生中最大的榮耀與成就。

謝詞

謹以此書獻給我已故的母親詹基和父親莫罕達斯。如果他們沒有做出改變命運的決定，讓新加坡成為我的出生地，我就不會經歷本書記錄的極其豐富和有意義的生活。無疑地，我的父親讓我們的家人失望，而我母親的鋼鐵意志拯救了我們。透過把這種鋼鐵般的意志傳遞給我，母親給了我一份非凡的禮物。矛盾的是，父親留給我們的貧窮也教會我堅韌和不屈不撓的美德。

我的第二個選擇是把本書獻給新加坡三位重要的開國元勛：李光耀、吳慶瑞和拉惹勒南。有意識地或潛移默化地，我從他們身上學到很多寶貴的經驗。如果沒有這些經驗，我不可能寫出十本書，而我的人生中如果沒有他們光輝的存在，這本回憶錄也會變得貧乏。

回憶錄不同於學術巨著，不需要深入研究。不過它仍需要仔細審查和核實。近年來，自從我擔任李光耀公共政策學院院長以來，有幸擁有優秀的研究助理。協助我完成本書的兩位，昌德拉（Varigonda Kesava Chandra）和克莉絲汀（Kristen Tang）也同樣傑出。他們的研究極其嚴謹，令人驚訝的是，他們能夠閱讀我在黃色便箋本上的潦草字跡，也就是這本書的草稿。我也要感謝伯特朗（Bertrand Seah）在本書早期階段提供的協助。

我在七年前的二〇一七年十二月三十一日卸下李光耀公共政策學院院長職務時，一度感到我可能會迷失人生方向。幸運的是，新加坡國立大學校長陳祝全和陳永財慷慨地宣布，卡羅（Carol Chan Chor Eng）應該繼續擔任我的經理和私人助理。每個與我和我的辦公室打過交道的人，都知道卡蘿是我生活中不可或缺的人。她強大而專注的支持解釋了我為什麼能保持生產力。我對她在二〇二四年四月三十日辭去職務深感遺憾，並祝福她一切順利。我很感謝芬妮（Fanny Chang）同意接手這個職務。卡蘿和芬妮也對本書的完成貢獻良多。

我還要感謝 PublicAffairs 的傑出團隊。正如我之前的四本書，他們在本書製作的所有階段——從編輯到審稿，從校對到封面設計——都幫了大忙。普里德爾（Clive Priddle）從二〇〇五年我出第一本書以來就一直與我共事，現在已成為我的好友。我很高興他在我寫這本書時造訪新加坡。我也要感謝倫克維奇（Kelly Lenkevich）、歐林（Connie Oehring）、奎因（Amy Quinn）和威爾斯（Ellie Wells）出色的工作。

包括阿特舒勒、卡塔里亞（Tarun Kataria）和孫合記在內的幾位老朋友善心地同意閱讀草稿，並為我提供有用的評論。我很感謝他們的評論。不過，若有任何錯誤都由我承擔全部責任。我也感謝陳慶珠、梅拉·錢德、盧英德、安妮－瑪麗·斯勞特、張贊成、馬丁·沃夫和楊榮文慷慨的推薦文。

我還要感謝我一生的音樂同伴穆罕默德·拉菲、拉塔·曼蓋施卡、阿莎·蓬斯爾和基肖爾·庫馬爾。我整個童年都聽他們的歌。當我邊寫這本回憶錄（以及我所有其他書籍）邊聽他們的音樂時，他們點燃了我大腦中一些喚醒童年的神經元，讓我真正享受這段旅程。

最後，任何人生故事都因家庭而豐富。我要感謝我的姊妹、姪子和姪女，以及他們的配偶和孩子，他們豐富了我的生活。所有認識我的人都知道，我的成功真正歸功於一位女性：我的妻子安妮。安妮和我們的孩子基肖爾、席拉和賈馬特，以及我們的媳婦貝姬（Becky），正是讓我的生活變得豐富而有意義的人。我希望這本回憶錄能幫助於我的孩子們更了解我所經歷的幸福生活。

見證亞洲世紀：馬凱碩回憶錄 / 馬凱碩（Kishore Mahbubani）著；吳國卿譯. -- 第一版. -- 臺北市：遠見天下文化, 2024.10
376 面；21×14.8 公分. --（社會人文；BGB588）

譯自：Living the Asian Century: An Undiplomatic Memoir

ISBN 978-626-355-993-6（平裝）

1.CST: 馬凱碩（Mahbubani, Kishore） 2.CST: 回憶錄 3.CST: 新加坡

783.878 113015736

社會人文 BGB588

見證亞洲世紀

馬凱碩回憶錄

Living the Asian Century: An Undiplomatic Memoir

作者 — 馬凱碩（Kishore Mahbubani）
譯者 — 吳國卿

副社長兼總編輯 — 吳佩穎
社文館副總編輯 — 郭昕詠
責任編輯 — 張彤華
校對 — 淩午（特約）
封面設計 — 張議文
內頁排版 — 蔡美芳（特約）

出版者 — 遠見天下文化出版股份有限公司
創辦人 — 高希均、王力行
遠見．天下文化 事業群榮譽董事長 — 高希均
遠見．天下文化 事業群董事長 — 王力行
天下文化社長 — 王力行
天下文化總經理— 鄧瑋羚
國際事務開發部兼版權中心總監 — 潘欣
法律顧問 — 理律法律事務所陳長文律師
著作權顧問 — 魏啟翔律師
社址 — 臺北市 104 松江路 93 巷 1 號
讀者服務專線 — 02-2662-0012 ｜傳真— 02-2662-0007；02-2662-0009
電子郵件信箱 — cwpc@cwgv.com.tw
直接郵撥帳號 — 1326703-6 號　遠見天下文化出版股份有限公司

製版廠 — 東豪印刷事業有限公司
印刷廠 — 祥峰印刷事業有限公司
裝訂廠 — 聿成裝訂股份有限公司
登記證 — 局版台業字第 2517 號
總經銷 — 大和書報圖書股份有限公司｜電話 — 02-8990-2588
出版日期 — 2024 年 10 月 31 日第一版第 1 次印行
2025 年 7 月 16 日第一版第 2 次印行

定 價 — 500 元
ISBN — 978-626-355-993-6
EISBN — 9786263559899（EPUB）；9786263559905（PDF）
書 號 — BGB588
天下文化官網 — bookzone.cwgv.com.tw

天下文化
BELIEVE IN READING